Zur Einsicht in den geringsten Teil ist
die Übersicht über das Ganze nötig.

Johann Wolfgang Goethe

Erkenntnisse über das Ganze umfassen
das Relative *und* das Absolute.
Doch wie ist Letzteres zu erlangen?
Was gilt mit Gewissheit allumfassend
ohne totalitäre Dogmatik? Das Relative selbst:
die Relationierung *aller* Qualitäten.
Wir brauchen eine Panrelationierung.

Olaf Muradian

Vertragslabel: Verlag PanOmnia
ISBN print: 978-3-384-00837-4
ISBN E-Book: 978-3-384-00838-1

tredition

Druck und Distribution im Auftrag des Autors: **tredition** GmbH, An der Strusbek 10, 22926 Ahrensburg, Germany

Das vorliegende Werk darf im Rahmen des Projekts Pansophia ohne kommerzielle Intention von jedem zitiert werden (auch Großzitate). Dieser Rahmen wird durch die vorliegende Einführung und folgende Publikationen gesetzt:

Projekt Pansophia
Vorschlag zur Neugründung der Philosophie als Wissenschaft
Zweite, überarbeitete Auflage

Denke selbst – und beginne von vorn!
Vorschlag zur wissenschaftlichen Neufundierung der Philosophie

Beide als E-Book erhältlich (siehe letzte Seite).

Konstruktive Kritik an: questioning-of-the-author@gmx.de

Bibliografische Information der DNB:

Die Deutsche Nationalbibliothek verzeichnet diese Publikation in der Deutschen Nationalbibliografie; detaillierte bibliografische Daten sind im Internet über www.dnb.de abrufbar.

Olaf Muradian

Effektivität
durch Klarheit

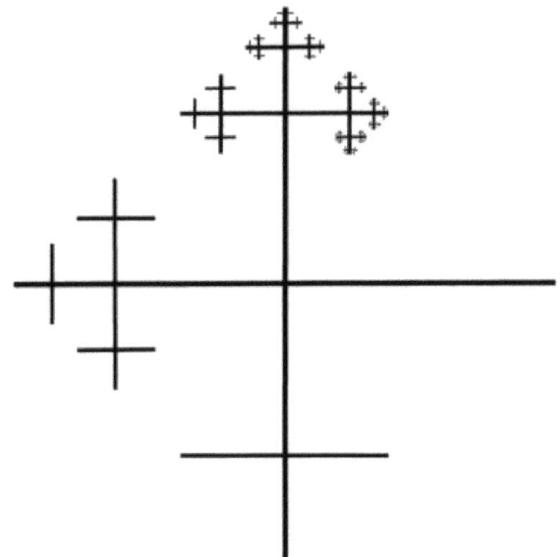

Drei Essays zur
Steigerung der Transparenz

Dieser Band enthält die Abhandlungen

Modalität
als kognitiver Schlüssel

Integrale Forschung
pandisziplinär!

Digitale Bewusstheit und
computationales Verstehen

Da die in meinem Hauptwerk ‚Projekt Pansophia' vorgestellten Ideen vielen unzugänglich erschienen, unternahm ich im Laufe der Zeit etliche Anläufe, sie zu erläutern. Die nachfolgenden Traktate bauen nicht aufeinander auf und stehen kaum in Bezug zueinander, was eine gewisse explikative Redundanz bewirkt. Das wiederholte Erklären besonders wichtiger Aspekte, aus unterschiedlichen Perspektiven beleuchtet, ist einem tieferen Verstehen aber durchaus förderlich.

Erstleser sollten die in eckigen Klammern stehenden Hinweise ignorieren. Viel Freude beim Lesen und grübelnden Durchsinnen!

Inhaltsverzeichnis

Modalität als kognitiver Schlüssel

Integrale Forschung pandisziplinär!

Digitale Bewusstheit und computationales Verstehen

SOLUTATIO

Stell dir vor, es gäbe
ein hohes Metawissen.
Keine Gitterstäbe!
Erst recht kein Ruhekissen.

Nein, das, was ich meine,
ist weder esoterisch,
noch kommt es von alleine
– ‚holosphärisch‘.

Hier geht es um das Ganze
als Metarelation.
Eine Riesenchance!
Eine Rebellion.

Begreife es als Instrument,
als ‚Frame-Innovation‘.
Ein Fundament, das bass enthemmt
die Empathie-Evolution.

Modalität als kognitiver Schlüssel

Potenzial und Machbarkeit
einer ‚technischen' Philosophie

Introductio

Ist es vorstellbar, dass eine basale Erkenntnisdimension bislang unbeleuchtet blieb? Dass eine wichtige Voraussetzung für das systematische Erfassen der Welt nur gestreift und kaum entwickelt wurde? Dies könnte erklären, warum es selten überfachliche Standards inhaltlicher Art gibt – und die Philosophie im Kreis geht, wie Jesaiah Berlin einst seufzend resümierte.

Fehler zu Beginn verhindern den Gewinn. Blicken wir kurz zurück: Wohlhabende Selbstdenker bestaunten Natur, Kultur und Mentur (die Gesamtheit aller geistig-seelischen Erscheinungen) ihrer Heimat. Sie versuchten, Phänomene einzuordnen und in ihrer Gewordenheit zu durchschauen – keine Abkürzung scheuend. Dichter wie Schlichter bedienten sich der Logik und Psychologik, um Ziele zu erreichen. Scharlatane und Demagogen verführten die Bürger. Die Suche nach einer Letztbegründung im Rationalen und einem ethischen Basisanker schien dringlich, so hatten Philosophen leichtes Spiel.

Im Fernen Osten war die Gegenstandsverhaftetheit westlicher Denker verpönt. Die dort erstrebte Gesamtsicht (Erleuchtung i. S. e. einer intuitiven Erfassung des ‚wahren Seins in seiner Nichtgewordenheit') mag tiefsinnig sein, doch Bürger wollen Antworten – und Denker was zu essen.

Leider erhält das Staunen über das konstitutionelle Wie nur selten eine Chance: Wie ist eine optimale Organisation verfasst? Welches Format schimmert durch die Aspekte einer sinnvollen Gestaltung? Wie lassen sich die Eckpunkte eines nachhaltigen Erfolges weiter verallgemeinern, damit ein höheres Lernen Ökologie und Ökonomie endlich versöhnt? Pandisziplinäre Einsichten sind rar. Ein Defizit, das mental wie methodologisch überwunden werden muss. Durch eine geistige Revolution.

Modalität als bloße Möglichkeit und Dialektik als das Ringen von Gegensätzen aufzufassen, führt in jene Sackgassen, deren Dumpfheit das kognitive Dilemma der Gegenwart nur verstärkt. Wo bleibt jener große Wurf, den Goethes Faust dereinst ersehnte (bevor er sich - verjüngt - den Ablenkungen hingab)? Der philosophische Diskurs ist heute in etliche Denkschulen zersplittert, Drei-Viertel-Wahrheiten feiernd, die in den Naturwissenschaften irrelevant bleiben. Der fatalistische Abschied von universalen Einsichten - „Das Narrativ ist eben schief." - verhindert eine qualifizierte apriorale Forschung, deren tautologische Fundiertheit sie mitnichten korrumpiert. (Sonst wären Mathematiker Scharlatane.)

Die Instrumente der Empirie und Apriorie müssen parallel entwickelt werden, um das Verstehen vertiefen und das Entwickeln optimieren zu können. Im Spannungsfeld beider Erkenntnisrichtungen gedeihen alle Wissenschaften. Ohne den aprioralen Doppelflügel (der empirale besteht aus Grundlagen- und angewandten Wissenschaften, der apriorale aus Mathematik und Pansophik) steht ein großes Fragezeichen hinter dem Wort ‚Wissenschaft'. Noch taumelt die Libelle: Die gegenwärtige Entwicklungsphase ist protosciental.

Die nachfolgenden Essays mögen mit der traditionellen okzidentalen Schulphilosophie (TOSP) hart ins Gericht gehen – ihre Pseudoproduktivität spricht - wortwörtlich - Bände. Wie die Mathematik braucht auch die Philosophie eine ‚höhere Abteilung', die sich sowohl den Grundlagen als auch den komplexeren Anwendungen zuwendet. Ich nenne diese **Pansophik**. Ihre Aufgabe ist es nicht, die TOSP abzulösen; es geht vielmehr darum, diese endlich epistemologisch zu fundieren.

Universalistisches Esoterik-Geschwurbel ist nicht zielführend. (Die Pansophik hat nichts mit Pansophie oder Pansophismus zu tun.) Vielmehr geht es um eine ‚Flucht nach vorn': um die Entwicklung einer ‚technischen Philosophie', die modalitätsbezogen forscht und überprüfbare Apriori-Erkenntnisse liefert, ein <u>prinzipiales Lernen</u> ermöglichend, das den Natur-, Kultur- und Menturwissenschaften neue Kommunikations- und Forschungsinstrumente verschafft.

1 **A Theory of All** needs no roof, no wall

Ist eine Theorie vom Ganzen denkbar, die Forschern wie Anwendern Orientierung bietet, ohne moralisierend, politisch oder gar konfessionell zu sein? Eine Weltanschauung ohne Wertungen und Werte oder bevormundendes Diktum muss kein Traum bleiben. Die Aufklärung aller Systemumstände [der prinzipialen Modalität reproduktiv optimierter Strukturen] verschafft Einsichten in die universalen Gesetze einer optimalen Verfasstheit. Grundkenntnisse, die uns weitgehend fehlen!

Ihre Erkundung bedarf einer höheren Bewusstheit: erhöhter Achtsamkeit für Systemisch-Funktionales, damit die Stereogramme des Wie im Was-Gewimmel deutlich werden. Epistemologische Dilemmata lösen sich modalitätsbezogen von selbst: durch ‚Umgehung‘ (i. S. e. produktiven Umgangs) und modale Analyse [Modalisation], was eine adäquatere Modellierung umweltlicher Systeme erlaubt.

Der Preis ist nicht gering. ‚Der Eintritt kostet den Verstand‘: Statt logischer Entschiedenheit ist eine dialektische Synkrise gefragt. Die Überwindung der Entschiedenheit führt nicht in ein *bleary blurring*, erforschen wir die ‚Synvalidität‘: das Sowohl-als-Auch der Gültigkeit gegensätzlicher organsialer* Konstituenten. [Konterpondanz]

Die modale Sicht stellt das Strukturell-Spezifisch-Kausale zurück und fokussiert sich auf die *funktionalen Aspekte einer Organisationsform – immer auf der Suche nach formatalen Grundaspekten, die sich universalisieren lassen. So, wie die Prinzipien der Organisiertheit die Gesetze der Kausalität bereichern, ergänzt die **Modale Dialektik** die Modallogik gegensätzlich [konterkomplemental]. Übrigens stellt die Pansophik der Logik ein weiteres [diërchestales] Pendant zur Seite: eine sapiensale Logik, die sogenannte Sogik. Diese basiert primär auf einer Lehre vom erfolgreichen Handeln, die ich Pragmatik nenne (nicht zu verwechseln mit der semiotischen Pragmatik). Auf beide gehe ich nachfolgend nicht näher ein.

2 Wahrnehmung und Wahrgebung
Empirie und Apriorie brauchen einander

Was auch immer wir bestaunen, wen auch immer wir bewundern: Gegenständliches imponiert, Persönliches, gar Anthropomorphisiertes prägt die Anschauungen, also nicht nur unsere Wahrnehmung: auch die Art der Reflexion. Das zieht hinab ins Labyrinth.

Was zu 80% zutrifft (das Normal der Gauß-Verteilung), mag Gültigkeit beanspruchen für Regeln, die per Ausnahme bestätigt werden. Die Tür zu einer ganzheitlichen, allgültigen Beschreibung wird so nicht nur verschlossen: sie wird verschweißt und maximal getarnt. Dieser Falle entgeht nur, wer sich sacht mental befreit.

Die Prinzipialität erzwingt als Imperativ eine verallgemeinernde, systemisch-ganzheitliche Sicht. Richtet sich diese auf den Ordnungsrahmen, die Konstitution einer Wechselwirkungseinheit (eines Systems) - vulgo: auf die Umstände -, gelingen Aussagen, die bis zu ihrer Widerlegung produktiv den Anspruch erheben dürfen, universal gültig zu sein. Zwar ermöglichen weder Modale noch modale Metastrukturen spezifische Prognosen, doch Ihre organisalen (organisationsbezogenen) Beiträge sind inspirierend, klarheitssteigernd – und widerlegbar korrekturbedürftig. Diskursfähig!

Die Empirie besitzt mehrere Pendants: konsekutiv die Theorie, reziprok die Apriorie. Letztere umfasst selbstgesetzte Bestimmungen, die Rationalbegabte nutzen, um ex ante Orientierung zu erlangen. Sinnvolle Tautologien sind wertvoll, da nützlich, und - wie die der *quantirelationalen* Mathematik - per generis universal veranlagt. Nicht als Anmaßung: als Vermutung, die sich testen lässt. Der *qualirelationale* Ansatz der Pansophik löst jedes Phänomen interaktional auf, um allgültige Konstituenten aufzuspüren, die einen nachhaltigen Erfolg bewirken. Umhegt von beiden Integralwissenschaften - der Mathematik und der Pansophik - würde die Forschung besser gedeihen – und Consulting-Firmen enorm profitieren.

3 **Cosanity:** Commonsense & Sanity Will Raise the Mental Creativity

Um Modi und Methoden funktional durchsinnen und optimalitäts-bezogen verallgemeinern zu können, muss sich ein Tiefendenker im doppelten Wortsinne geistig befreien: Eine Erweiterung des ‚mental unbesetzten Denkraumes' ist nötig, zudem der Bruch mit Überkommenem. Nur ein Heimatloser ist in allem zuhaus; nur ein zersetzendes Nichtwissen offenbart das innerste Gerüst.

Ausgerechnet der von Populisten viel beschworene Commonsense bietet ein wichtiges Paddel, um Ideologie-Strudeln zu entkommen. Gerade weil noch keine wissenschaftliche Weltanschauung existiert, brauchen wir eine rustikale Chuzpe – und ein tiefes Misstrauen gegen Pseudo-Lösungen. Simple Rezepte implizieren schräge Prämissen; verpackt in gelehrte Theorien führten sie in manchen Untergang. Wir brauchen mehr Achtsamkeit. Mit den Augen des ersten Males die Welt zu bestaunen, ist eine Kunst, eine Gabe – ein Auftrag! Vier Basisfragen imponieren; ihre paarweise Anordnung ist kein Zufall. Sie machen das Staunen und die Neugier produktiv:

Worum geht es eigentlich?   Worauf kommt es an?

Warum ist das so?   Was ist das eigentlich?

Wir dringen nur dann zum Eigentlichen* vor, wenn uns diese Grundfragen präsent bleiben, um *das, was reproduktiv-funktional Optima ausmacht und erzeugt, deutlicher hervorzuheben. Refokussierung, Bewusstwerdung, Hinterfragung und ‚mentale Erhebung' erschließen im Projekt Pansophia das Eigentliche – als Diskursgemeinschaft.

‚Sanity' zeigt sich in der Unfähigkeit, Unfug zu denken, was zur Entdeckung des Sinnwidrigen führt. **Cosanity**, die ‚rekognitive' Einheit von Commonsense & Sanity, hilft, aus der Reihe zu tanzen, zumindest: die Knoten zu lockern und überkommenen Prägungen ein Stück weit zu entkommen.

4 **Apriorale Forschung** ergänzt, vervollständigt die empirale in notwendiger Weise

Objektive Erkenntnis ist approximativ möglich, wenn und solange sie sich empiral bewährt und aprioral meistern lässt. Im Weiteren geht es um die Entwicklung aprioralen Wissens **qualirelationaler** Natur, also darum zu klären, inwieweit Qualitäten organisationstheoretisch (organisal) zueinander in Beziehung stehen – nicht situativ, sondern allgemeingültig [omnival], sodass eine Meta-ordnung deutlich wird, aus der sich a priori erfolgssteigernde Tipps [modagene Imperative] ableiten lassen.

Alle Modelle und Konzepte mit Systematikanspruch nutzen deskriptiv wie kommunikativ dieselben Dimensionen: Interaktionsformate, die sich über Jahrtausende hinweg bewährt haben, einem inneren Gitter der Optimalität entstammend, das - ex ante gesetzt und ex poste vernetzt - auf Erkundung wartet. Ein ‚Periodensystem sinnvoller Argumentationen‘. Unglaubwürdig? Aufklärungswürdig! Wir brauchen eine ergebnisoffene apriorale Forschung.

Erst die Funktionalität macht systemische Strukturen transparent – erklärbar. Ihre Hinterfragung sichert epistemologisch wie kommunikativ Wirksamkeit und Fortschritt. Werden Funktionen aus spezifischen Interaktionslagen abgeleitet oder in sie hineinprojiziert, ordnet dies komplizierte Elementarstrukturen. Doch was, wenn sämtliche Funktionen einem gemeinsamen rationalen Feld entsprängen; wenn sie sich entlang bestimmter ‚Feldlinien‘ entfalteten, eine (wertfreie!) universale Superordnung andeutend?

Wen bei dieser Aussicht keine Schauer der Ehrfurcht, der Neugier und Inspiration durchfahren, braucht sich mit den hier eingeführten Fachbegriffen des Überfachlichen [Pandisziplinären] nicht weiter abzuquälen. Wichtige Instrumente warten auf Entdeckung: universale Orientierungshilfen. Zu umständlich? Modal lohnt Qual. Jeder hat die Wahl, strebt die Ratio aus dem Tal.

5 | Differenzial- + Integralwissenschaften

Fachwissenschaftler untersuchen die Spezifik der Interaktionen eines bestimmten Systembereichs auf bestimmten Ebenen immer differenzierter. Diesen **Differenzialwissenschaften** stehen die **Integralwissenschaften** Mathematik und Pansophik gegenüber, die die Proportionalität resp. Relationalität *jeder* Interaktionsart untersuchen, um *jedem* Fachbereich Deskriptionshilfen zur Verfügung zu stellen.

Der Pansophik gelingt dies durch eine simple Einsicht: Erscheinungen mögen bunt variieren – die zugrundeliegenden Interaktionsumstände (die Leitlinien funktionaler ‚Erfolgungen' [Rektionen]) sind immer dieselben. Die gesuchten universale Modalbestimmungen treten durch funktionale Optimierung von selbst hervor.

Was macht eine Integralwissenschaft aus? Sie beschäftigt sich nicht mit Einzelerscheinungen der Realität, insbesondere nicht mit deren Kausalität, sondern mit dem, was diese verstehbarer macht. Zwei Wege sind dabei beschreitbar: Die einzelnen [empiral erschlossenen] Qualitäten werden entweder ignoriert oder transformiert. Das bewusste Ignorieren geschieht durch die Definition einer Kommensurabilität. Mithilfe mathematischer Axiome, Definitionen und Sätze gelingen sinnvolle quantirelationale Aussagen, die sich - obwohl tautologisch gewonnen - meist praktisch bewähren.

Die Transformation der Qualitäten ist weitaus kniffliger. (Weshalb sich eine Mathematik auf Planeten mit rational begabten Spezies deutlich früher entwickelt als eine Pansophik.) Wieder geht es um Abstraktion: darum, von allem abzusehen, was strukturell-spezifisch ist. Doch im Gegensatz zum quantirelationalen Ansatz, der sich nicht im Geringsten um ‚das große Ganze' schert (es aber gerade dadurch universal beschreibbarer macht), strebt der qualirelationale nach Einordnung und fragt: Welchen Charakter hat die untersuchte Qualität in Bezug auf eine allgemeine systemische Funktionalität? Diese erschließt universale Determinanten des Ermöglichenden.

6 Funktion, Funktionalität und Funktionalisation als Wissensturbo

Beachten wir primär das Funktionale, also den [elementalen] Interaktionsbeitrag zur Erreichung von Zielen, zeigen sich Ordnungen höherer Art, die die Vielfalt ungerichteter Interaktionen beschreibbarer und optimierbar machen. Die Funktionalität eines Systems offenbart Umstände der Erfolgssicherung – die gesuchten Modalbestimmungen. Die Bewusstmachung und deskriptive Verdeutlichung von Interaktionsbeiträgen nenne ich **Funktionalisation**.

Unscheinbare, verdeckt basale Funktionen werden deutlich, sobald der logisch-kausale Bezugsrahmen organisal-dialektisch erweitert und systemisch-modal transformiert wird. Ich vermute, dass alle Funktionen modalen Rektionen (S. 11) folgen. Dies impliziert drei wichtige Thesen:

- Die Funktionalisation ermöglicht eine Annäherung an das objektiv Wahre: sie erschließt das universal Gültige.

- Alle Einzelfunktionen lassen sich auf ein [omnivales] Gitter interaktionaler Grundfunktionen zurückführen; explikativ wie konklusiv sind alle mit allen verbunden.

- Auch Funktionen sind binatal vernetzt.
  (siehe Pateration der Binate S. 39).

Die Funktionalisation reproduktiver Systeme lohnt sich besonders; sie mündet analytisch in der sogenannten Modalisation (S. 76). Funktionen verdeutlichen Wirkbeiträge, Konturen Metamuster und Monturen ‚Umstandsverbünde‘ (S. 68), die die Vielfalt struktureller Elemente, Projekte und Prozesse verstehbarer machen. Die Systemanalyse ist ein guter Anfang. Ein modales Consulting könnte alle Anwender, auch die Gesetzgebung und jedes fachwissenschaftliche Forschungsvorhaben, qualifizierend promovieren.

7 **Modalität**: das Gemeinsame im Gleichen

Der Begriff der Modalität wird von verschiedenen Wissenschaften genutzt. Von größtem Interesse ist aber nicht die modallogische, sondern die sprachwissenschaftliche Auffassung dieser höchst wichtigen Kategorie. Während sich die Logik mit einer linearen Formalisierung begnügt, birgt das sprachwissenschaftliche Konzept einen echten Schatz: die Remodellierung des Möglichen im Sinne einer generellen <u>Ermöglichung</u> – die dialektisch gegensätzlich fundiert ist.

Die Pansophik komplexiert diesen Ansatz, indem sie a priori gültige Interaktionsmodi erforscht, die Rationalbegabte nutzen, um sich schneller und besser zu orientieren und qualifizierter mitzuteilen. Eine gründlichere Orientation und elegantere Kommunikation gehören zu den Hauptzielen der Pansophik. Ihre integrales <u>Auf</u>klären erleichtert das differenzierende <u>Er</u>klären [systematogen] erheblich.

Die Durchdringung modibezogener Umstandsbestimmungen nenne ich **Modalisation**, die aufgedeckten Ordnungseckbestimmungen **Modale** oder Modalbestimmungen. Sie treten immer dann hervor, wenn organisale Optima auf Aspekte hin durchleuchtet werden, die eine nachhaltige Reproduktion ermöglichen. Jedes Modal besitzt einen **Konterpondus**, der es **konterkomplementiert** (gegensätzlich ergänzt). Beide konstituieren eine höhere Modalbestimmung [Binarisation]. Zudem ist jedes Modal selbst zerlegbar [Binalisation]. Kein Modal ist exklusiv verpartnert. Alle bilden ein Netz: ein Gitter der aprioralen Modalität, erforscht von der **Modalen Dialektik**.

Die universale Gültigkeit der Modale ist teuer erkauft: Sowohl ihre Wahrnehmung als auch ihre Anwendung ist übungsbedürftig, denn aufgrund ihrer Umstandsbezogenheit und formatalen Herkunft beschreiben sie ‚nichts Reales'. Sie charakterisieren lediglich basale Systembedingungen – hochrelevant, sobald Dilemmata aufzulösen und Konzepte durchzuoptimieren sind. Pansophen werden es deshalb - wie anfangs die Mathematiker - an den Unis nicht leicht haben.

8 Konterpondanz + Diërchestanz:
Das ‚Teppichgitter‘ der Optimalität

Das offensichtlichste Basisprinzip der Modalen Dialektik bildet die **Konterpondanz**, wörtlich: das Prinzip der Gegengewichtung. Es drückt die Eigenheit aus, dass jedes Modal ein gegensätzliches Pendant besitzt. Das der Konterpondanz zeigt sich in der **Diërchestanz** (aus dem Altgr., wrtl. ‚Durchdrungenheit‘), die auf die ‚Entstandenheit‘, die genetische Konstituiertheit einer Interaktionseinheit verweist.

Die Einsichten der Pansophik gleichen einem geknüpften Teppich: Dieser besteht zum einen aus verwobenen Schuss- und Kettfäden, zum anderen aus kurzen, hineingeknoteten Doppelfäden. Das Gewebe der diërchestalen Bewusstheit schafft den Bezug zu den Entfaltungsstufen des Seienden, auf welchen Konterkomplemente - die ambivalent-paarigen Modalbestimmungen - basale Aspekte verdeutlichen. (Daher die pansophe Standardantwort: ja *und* nein.)

In unserer Biosphäre ‚falteten‘ sich entgegen der Entropie immer subtilere Lebendigkeitsformen auf [Eutropie]. Die Funktionalität der Reproduktionssubjekte (Pflanzen und Tiere) und -systeme (Symbiosen und Biotope) wurde komplexer [Komplexation], was immer feiner differenzierende Modalbestimmungen nötig macht – die die ‚gröberen‘ ergänzen. Dennoch dürfte es im Ganzen weniger als achttausend Modale geben, die die Interaktionen, Funktionen und Organisationsformen rektiv* durchdringen.   (*Die **Rektion**en einer Thematik bezeichnen die rhetisch relevanten Dimensionen ihrer Rhematik, deren Explikation für eine optimale Aussage unerlässlich ist.)

Modale gelten **omnival**: immer überall durchdringend ausnahmslos. Ihre Verknüpfung ist stets sinnvoll interpretierbar, klarheitsfördernd. Ob als substantiviertes Adjektiv, Prädikat oder Partizip, Status- oder Prozessbegriff, Imperativ oder Prinzip: Modale erhöhen die Achtsamkeit der Anwender, sie heben die Bewusstheit aller Entscheider. Ihre prominenteste Erscheinungsform ist das Binat.

9 Emananz + Eminanz:
Beispiel einer produktiven Bination

Unter einem **Binat** verstehe ich eine echte Dichotomie: Zwei Modale gliedern eine Umstandsdimension, ohne dass ein drittes deskriptiv nötig / gleichrangig relevant wäre. Eine **Bination** [Schlüsselinstrument der elementaren* Modalisation] beschreibt mithin zweierlei: zum einen die Anwendung des binatalen Formats, zum anderen die Pateration [Binarisation oder Binalisation] eines Modals. (S. 6, 39) [*Schlüsselinstrument der systemaren Modalisation ist die Tetration. (S. 46f)]

Wie wichtig diese qualirelationale Technik ist, möchte ich an einem unscheinbaren Beispiel zeigen: dem Gemeinen (**Emanalen**) + Herausragenden (**Eminalen**). Emananz + Eminanz sind wie alle Modalbestimmungen universal gültige Deskriptionshilfen. Ihre Anwendung qualifiziert insbesondere Statistiken, da dieses Binat Ausnahmen regularisiert und das Bewusstsein dafür schärft, wie selten das ‚normale' Reguläre eigentlich ist. Zudem geht es darum, sich auf Katastrophenfälle präventiv vorzubereiten – wie es die Physis der Wirbellosen und Wirbeltiere eindrucksvoll zeigt.

Komplexe Systeme - Börsen oder Raumfähren, Pflanzen wie Tiere, Logistik oder Kriegsführung - brauchen mehr als einen Plan B. Jede systemische Stresssituation bewirkt eine konstellare Inversion (S. 46), die elegant zu bewältigen ist. Modale helfen: Sie weisen auf relevante Aspekte hin und ermöglichen es, ohne Vorkenntnisse (!) Checklisten zu erstellen. Der Rückgriff auf Modale [und modale Metastrukturen] erhöht die generalistische Kompetenz. Forscher wie Entscheider werden inspiriert. Hochschullehrer erhalten die Möglichkeit, komplexe Sachverhalte im wörtlichen Sinne sinnvoller aufzubereiten. Das Binat der Emananz + Eminanz hülfe auch Geologen: emanale Schichtungen und eminale Faltungen resp. Brüche erklären in Verbindung mit emanaler Erosion und eminalen Großereignissen Gebirgsformationen. Usw. Trivial? Basal!

10 **Libertation + Obvertation:** Nousativ statt Narrativ – der Diskurs wär steil statt schief!

Nach all den Lobgesängen auf Modale stellt sich natürlich die Frage: Wie gewinnen wir diese? Und wie vermeiden wir es, unnötig oft auf desiragene Fata Morganas hereinzufallen. Damit ist die Methodik der Modalen Aufklärung angesprochen. Diese beruht auf zwei Grundkompetenzen: **Libertation** nenne ich die Befreiung vom gegenstandsverhafteten, kausalitäts- und logikorientierten Denken. ,Transzendiere!' heißt der erste Schritt: Entselbste dich allmütterlich!

Zu staunen ist der zweite: Wende dich dem Ermöglichenden zu! Die **Obvertation** fördert, lenkt die Achtsamkeit auf die innersten Konstituenten eines nachhaltig reproduktiven Systems. Dem Nichtverstehen scheinbarer Evidenzen muss eine elementare Zerlegung komplizierter Erklärungen folgen.

Es reicht also nicht, die Grundorientierung der TOSP zu überwinden. Ein neuer Fokus, das Paradigma des **Nousativ***, ist epistemologisch unabdingbar. Universale Einsichten brauchen eine allintegrierende, modale Sicht: modusbezogen, widerspruchsaffin, organisal orientiert, relational fokussiert. (*Science needs a holistic reconnection!)

Die Flucht aus allen Prägungen gelingt am besten durch eine Rationalisierung der Ratio: *Back to nitty-gritty! Commonsense & Sanity bury the stupidity* (siehe nächste Seite).

Die Verwurzelung im Denken der Antike verhindert einen Neustart, der bloße Weisheitsliebe durch Weisheitsforschung ersetzt. Betrachten wir die Star-Treck-Saga: Der dort gezeigte Grundkonsens veranschaulicht, wie über alle Konfessionen und Denkschulen hinweg angeblich nur durch Logik und Goodwill Kooperationsbereitschaft herrscht. In Wahrheit fehlt eine Metalehre: die Pansophik – um das Gemeinsame im Gleichen zur pragmatischen, geistigen und geistlichen Plattform aller zu machen. Und jene ganzheitliche Rückverbindung herzustellen, die den Nousativ lebendig hält.

11 | **Eduktion:** Trailblazer & Sidekick of Abduction

Ist es nicht seltsam, dass Bioniker zwar die Natur bestaunen, sich aber kaum bemühen, deren Grundprinzipien zu erschließen? Dass Kybernetiker Regelkreisläufe formalisieren, aber nicht erforschen, welchen basalen Prinzipien funktionale Balancen zugrunde liegen? Und hinter den Prinzipien verbergen sich Modale, ‚Rahmenspanner', die mühsam zu erkunden sind.

Ich nenne die universalisierende (i. S. e. Produktivmachung) ‚Herausziehung' von Umstandsbegriffen **Eduktion**. Sie löst abduktive Kaskaden aus: das Optimieren bestehender Ordnungssysteme. Ihr volles Potenzial entfaltet sie, sobald wir Orientierungsmarker - wie Vorbereitung + Durchführung oder das Ob + Wie - systematisch modalisieren. Zunächst syntaktisch: Wird ein unscheinbares Binat wie „vorn + hinten", ausgehend von seiner adverbialen Rohform, adjektiviert und substantiviert*, scheinen wichtige Aspekte auf: Vordergründigkeit + Hintergründigkeit sind beachtlich, soll das eigene Überleben nicht von Zufällen oder dem Wohlwollen anderer abhängen. (*Die Multimodularität der Modale zeigt sich nicht nur in ihrer freien Kombinierbarkeit. Ihre Wandelbarkeit lässt sich auch ‚rückwärts' nutzen: Jedes Grundprinzip birgt mindestens ein Modal, das als substantiviertes Adjektiv die Modalisation voranbringt.)

Das prinzipiale Potenzial der Modalbestimmungen zeigt die Funktion der Modalen Dialektik: Ihr obliegt es, die differenzialwissenschaftliche Induktion (die oft Vier-Fünftel-Wahrheiten produziert) eduktiv zu begleiten, wodurch die fachliche Forschung Anregungen erhält. Die Eduktion verschafft der modallogischen Deduktion einen erweiterten Geltungsrahmen. Mögen manche Vermutungen der Pansophik auch naiv klingen: Allgültige Umstandsformate beflügeln die kognitive Transzendenz, steigern die episteme Empathie und bauen pandisziplinäre Brücken. Die nachfolgenden Ausführungen zeigen dies diërchestal in Form genesialer Eduktionen.

Sechs Vitalgradienten, eine Genesis
Interferenzen entschlüsseln! Für mehr Transparenz

Das Basisprinzip der Diërchestanz verdient besondere Beachtung. Es fundiert die systemische Bewusstheit. Interaktionsprinzipien basalerer Lebendigkeitsschichten und -stufen bleiben auch in höheren wirksam, was zu Interferenzen, quasi einem *functional framing* führt. Der Verweis auf eine Multifaktorialität reicht nicht aus. Summarische Definitionen behindern ganzheitliche Argumentationen. Die Kenntnis basaler ‚Interaktionsrektifikanten' erhöht die Klarheit erheblich.

Leider erfordern Binationen einen ‚modalen Blick': Das Changieren und Fluktuieren der Modale [ihrer konturalen Zuordnung und monturalen Relevanz in Abhängigkeit von Perspektive und Standpunkt] macht den Umgang mit ihnen - ihre Entwicklung und Anwendung - nicht gerade einfach. Es braucht Feingefühl, ein intuitives Gespür.

Sechs Lebendigkeitsstufen imponieren, die ich **Vitalgradienten** nenne: Das Raum-Energetische [Cor-Energale], das Materiale, Vegetale, Animale, Rationale und Divinale. Jede dieser ‚Auffaltungsstufen' bringt eigene Binate (echte Dichotomien) hervor – wobei die der basaleren Stufen durchdringend wirksam bleiben. Die ersten beiden Vitalgradienten verschmelzen [als Cor-Energo-Materiales] analytisch zu einer Einheit: dem Systemischen.

Bereits auf der Stufe des Vegetalen macht sich das Fehlen einer Reprodik bemerkbar – die auch Botanikern helfen würde, die Physiologie der Pflanzen systematischer (klarer strukturiert, befreit von unproduktiven Widersprüchen) darzustellen und Anwendern (Lehrern wie Züchtern) entsprechende Tools bereitzustellen.

Sobald sich die Evolution animal qualifiziert, entfaltet sich mit der seelischen Koordination eine neue Qualität, die u. a. die Pragmatik evoziert, etliche Modalbestimmungen bereithaltend, von denen bislang nur wenige Dutzend bekannt sind.

Das Hoheitliche: Quelle und Mündung
für Weisheit, Ethik und Erkenntnis

Jedem der mittleren Vitalgradienten kann eine eigene pansoph initiierte Theorie zugeordnet werden. Möglicherweise auch der ersten und sechsten Lebendigkeitsstufe, doch deren Interaktionsmuster sind und bleiben verschwommen. Und an Esoterik ist mir nicht gelegen. Beginnen wir mit der Lebendigkeit der Steine:

Vitalgradient	Theorie	Erkenntnisbereich
Materiales	Systemik	Raum, Zeit, Ordnung
Vegetales	Reprodik	Reproduktionsnotwendigkeiten
Animales	Pragmatik	Maximierung des Handlungserfolgs
Rationales	Amplik	Orientation und Referenz

Die **Amplik** (aus Lat. *amplus* ‚umfassend, bedeutend') untersucht die ästhetischen, ethischen, kyberalen (steuerungsbedingten) und kognitiven Wirkungsbedingungen des Rationalen; Letzteres modallogisch *und* -dialektisch fundiert. So wichtig die Rationalität auch sein mag: Ihre Überwindung ist geboten. Denn ein Erkenntnissubjekt erlangt nur dann tiefe Einsicht und ganzheitliche Orientierung, wenn es neben dem Guten, Wahren und Schönen auch sein Hoheitliches entfaltet. Ich bin mir sicher, dass jedem gesunden Menschen das Potenzial zur Erleuchtung angeboren ist. Das Verhalten von Kleinkindern deutet es an. Der Glaube an externe Supermächte würde relativiert; die bürgerliche Emanzipation könnte sich endlich auch im Geistig-Geistlichen von feudaler Befangenheit befreien; der Weltfrieden wäre keine Utopie mehr. Einsicht und Verständnis erfordern und fördern nachhaltige Kompromisse.

Das Divinale - das in einem anatheistischen* Sinne ‚Inner-Göttliche' - ist auch amplikal bedeutsam. (*Der pansophe Anatheismus postuliert: Gott ist ein Modus!) Albert Schweitzer suchte nach dem Basisanker einer universalen Ethik. Native Hoheitlichkeit lautet die Antwort.

14 | **Die divinale Sicht:** durch native Hoheitlichkeit zu tiefster Einsicht

Die Pansophik betreibt eine ‚höhere Umstandshuberei': Die generale Modalität von Geist und Welt ist zu erforschen. Dass uns ‚weltliche' [dosale] Interaktionen geordnet vorkommen, liegt zum einen an unserem Überlebenswillen, der die Nutzung orientativer Hilfskonstrukte erzwingt; zum anderen weisen diese tat*sächlich* Muster wiederkehrender Ähnlichkeit auf. Schon die evolutionär etablierte, animale Grob- und Schnellorientierung (S. 62) ist binär veranlagt; auf der rationalen Stufe sorgen Dichotomien (genauer: Binate) für mehr Klarheit. Dem Anspruch auf Ganzheitlichkeit kann nur durch eine hoheitliche Sicht entsprochen werden. Denn da ist ein Handicap:

Um universal Gültiges wahrnehmen zu können, muss man es wahrnehmen können. Trotz nativer Begabung war auch ich gezwungen, diesen Circulus vitiosus iterativ zu überwinden. Die ‚Verknotung im Was' [die Dominanz des domalen Denkens] muss durch modale Übungen gelockert und durch Befassung mit organisalen Optima allmählich gelöst werden. Eine quasigöttliche, divinale Neugier ist dabei essenziell. Sie ist jedem angeboren: als Urbefähigung.

Die divinale Sicht qualifiziert die Alltagsweisheit: Jedes Gift wird zu einem potenziellen Heilmittel; alles ist im Fluss; Absolutismen lösen sich auf; die Welt wird zum Gleichnis. Das Hypostale wird systemisch relationiert – was etlichen Borniertheiten vorbeugt. Nicht allen.

Die divinale Sicht fordert und fördert ein kognitives Zoomen: Der ganze Erdball wird zum Sandkorn. Ohne die Einübung einer Allmütterlichkeit kann niemand pansophieren. Die gesuchten universalen Umstände werden durch Empathie und Transzendenz deutlich – Attribute des höchsten Vitalgradienten. Ob Erkenntnis oder Tun, objektive Wahrheit oder subjektive Verantwortung: Die native Hoheitlichkeit ist Schlüssel und Schloss, Hürde und Hort wahrer Menschlichkeit, Grundlage unserer Souveränität als Citoyen.

15 **Metaërotema:** von Blüte zu Blüte

Nietzsche fordert Erhabenheit: ein Steigen von Gipfel zu Gipfel. Blüten tun's auch. Die Cosanity schöpft Kraft aus den Tälern, verhilft aber nicht zu jenen Flügen, die Tiefendenker brauchen, das Hochweite Zelt des Eigentlichen zu erforschen. Die hoheitliche Sicht schafft und schärft die Achtsamkeit: Sie sorgt ‚nur' für den nötigen Aufwind. Hinreichend wird sie erst durch eine prinzipiale Geisteshaltung, die optimale Prozesse und Systeme, Denkfiguren und Erkenntnisweisen universalisierend durchsinnt – in permanenter, lateraler Selbsterforschung.

Unter der **Metaërotema** (Altgr. *Hinterfragung*) verstehe ich Fähigkeit und Wille, von der jeweiligen Objektebene zur Metaebene, ggf. auch zur Meta-Metaebene zu springen, so weit und so oft dies zur Aufklärung beiträgt. Und darüber hinaus! (*Gate, gate, paragate – parasamgate!*) Hinterfragungen und Metatheorien sind zwar ‚alte Hüte' aus dem Spiegelkabinett akademischer Methodologien, doch zweierlei ist anders an der Metaërotema:

1. Die angestrebte ‚Meta-Erkenntnis' betrifft nicht die inhaltliche Befassung mit Thema und Lehre; vielmehr liegt der Fokus auf *formatalen* Aspekten, die sich aus den Modi gewinnen lassen – stets verpaart zu konterkomplementären Gegensätzen.

2. Die Modalisation - die generalisierende Transparentmachung eines Themas im Nexus einer höheren, funktiogenen Modalität, durch die jede Ableitung klarer, jedes Rhema konturreicher wird - diese ‚Metaisierung' hat *fortlaufend* zu erfolgen.

Philosophische Themen werden oft wie Spezifika behandelt: als ein zu reflektierendes Was. Was ja nicht falsch ist – nur zu wenig. Universale Erkenntnis greift ins Absolute hinaus, eine Panrelationierung erstrebend, die sie selbst ermöglichen muss. In einigen meiner Essays ist von ‚produktiver Hybris' die Rede. Gemeint ist stets der Blütensprung.

16 **Philosophie vs. Pansophik:** ein produktives Gespann?

Die rustikale Cosanity sorgt dafür, dass ein Theoretiker weder die Bodenhaftung noch die Praxistauglichkeit aus den Augen verliert. Sie bildet den Konterpondus zur Hoheitlichkeit. Beides ermöglicht zoomfreudige Multireflexionen - die Metaërotema - und Universalisierungen: Eduktionen. Eine nousative Diskursgemeinschaft - ich nenne sie **Projekt Pansophia** - könnte die Pansophik als ‚Optimierungsturbo' permanent weiterentwickeln.

Eduktive Erkenntnisse gelingen nur, wenn funktional optimierte Interaktionsmuster rektional ‚gescannt' werden – mit einem feinen Gespür für Metaebenen. Modalbestimmungen treten hervor, analysieren wir optimal Organisiertes aus der Kavaliersperspektive (lateral von oben). Diese können weitere hervorbringen. Basale (‚gröbere') Binate bilden Prismen, die paarige Zerlegungen [Flexionen] bewirken: ‚feinere' Binate offenbarend. Spannend, n'est-ce pas?

Die wichtigste Technik der Modalisation ist und bleibt die Bination. Aus ihr leiten sich die Intra- und Intersymmetrie ab (S. 45f) zudem die Primärkontur als wichtige Differenzierungshilfe. (S. 48f) Zudem helfen Tetrate, einen schnellen Überblick zu erhalten und bündig zu argumentieren. (S. 50f) Wovon auch die traditionelle Philosophie profitieren würde.

Nachfolgend eine stichwortartige Zusammenfassung, wie sie Studenten lieben. Natürlich ist diese Übersicht verkürzend. Doch die Zuordnungen machen nicht nur Unterschiede deutlich: Sie zeigen, dass die klassische Philosophie das narrative Pendant [Konterkomplement] der nousativ orientierten Pansophik bildet – wie bei einer Aprikose Fruchtfleisch und Kern, nur dass Letzterer die ganze Frucht am Baume hält. Was die, die an einem unmittelbaren Nutzen interessiert sind, nicht juckt: Der nutzlose Stein wird ausgespuckt und kaum erforscht. Doch der enthält den ‚Baum-Bauplan'!

Philosophie   vs.   Pansophik

Erkenntnisgegenstand:

mentale Reflexion   *optimale Remodellation*

Erkenntnisziel:

Ordnung aller Dinge   *Meta-Funktionalität*

im Fokus des Verstehens:

kausale Zusammenhänge   *organisale Optima*

im Fokus des Erklärens:

Ursachen & Konzepte   *Panrelationierung*

mentaler Fokus:

Erklärungen finden   *das Suchen verbessern*

Staunen als:

Einladung, sich umzuschaun   *permanenter Neubeginn*

begriffliche Präferenz:

atal   *modal*

methodologische Präferenz:

empirisch-spekulativ   *aprioral-eduzierend*

argumentative Basis:

Modallogik   *Modale Dialektik*

Conclusio: Lernen wir das Fragen neu!

Die Pansophik macht ein fantastisches Angebot: Wer den Fokus seiner Achtsamkeit auf die Modalität jener Wechselwirkungsinseln legt, die wir Systeme nennen, und sie weiter generalisiert, sie universalisierend operationalisiert, gelangt von der schlicht kausalen zu einer organisalen, ganzheitlichen Sicht, die sich vom Hypostalen löst und über das Relationale in die Glitzerwelt des Modalen vordringt, um allen zu helfen, die sich besser orientieren und ausdrücken möchten.

Dabei sind vier Basisprinzipien zu beachten, von denen die zentralen hier behandelt wurden: Diërchestanz und Konterpondanz. Erstere deckt den systemischen Komplexitätsgrad eines Themas auf, der seiner Genetik entspringt. Letztere ruft die modale Balance ins Gedächtnis zurück: Universale Umstände [omnivale Systemkonstituenten] lassen sich nur dual-disparat aufschlüsseln. Wer Binate anwendet, sie als kognitives Prisma nutzend, erschließt wichtige Aspekte, wo keine vermutet wurden.

Welcher Demagoge würde es wagen, einseitige Prioritäten zu postulieren, wenn schon ein Schüler der sechsten Klasse - fit im Fach Modale Dialektik - ihn zurechtweisen könnte? Welcher Prediger könnte Unterwerfung fordern, wenn eine divinale Bewusstheit die Bürger immunisierte? Wie sehr stiege die Effektivität von Forschungsprojekten, wüssten die Teams a priori, dass jedem positiven Ergebnis ein konterpositives gegenübersteht [Intrasymmetrie] – nach dem oft gar nicht gesucht wird.

Das Verwirrende an der Pansophik ist - neben ihrer Abstraktheit - die inhaltliche Leere dieser qualirelationalen Integralwissenschaft: Keine Werte oder Wertung, kein eigener Gegenstand – nichts Greifbares zeichnet sie aus. Eine geistige Revolution, die eine allergische Reaktion etablierter Philosophen bewirkt und gerade darum eine Chance für Newcomer des Globalen Südens darstellt, die Funktionalität reproduktiv organisierter Systeme neu zu durchdenken.

Die Pansophik fordert und fördert eine Erweiterung und Renovierung der Wissenschaftstheorie. Sie entbirgt einen allverbindenden Konsens: die Universalsprache der Optimalität. Was in der Bionik technikbezogen bleibt, wird in der Pansophik konstitutiv verallgemeinert.

Darum sollte jede Universität zwei Standard-Institute unterhalten: ein ‚Institut für pansophische Forschung' (IPF) zwecks Grundlagenforschung und ein anwendungsorientiertes ‚Institut für modale Systemanalyse' (IMS). Budgetbelastend wäre höchstens das IPF, da sich jedes IMS selbst finanziert, leistet Letzteres doch wertvolle Consulting-Dienste in sämtlichen Wirtschafts- und Politikbereichen. Der Nutzen eines IPF ist aber ungleich größer: *Die Systematik jeder Fachdisziplin würde sich ändern!* Eine Neuordnung ohne Beispiel in der Wissenschaftsgeschichte.

Dass Modalisationsmodule die Entwicklung einer Super-KI vorantreiben, mag beunruhigen, aber warum sollten die Metaebenen der rationalen Informationsverarbeitung KIs vorenthalten werden – damit sich Menschen weniger unterlegen fühlen? Die Komplexität modaler Metastrukturen ist nur per KI zu bewältigen – und die Verschmelzung von biologischer und technischer Ratio kaum aufhaltbar. Ein zunehmender Leistungsdruck und der Wunsch nach Unsterblichkeit werden dafür sorgen, dass dieser Turbo kommt.

Die wissenschaftlich-technische Revolution erschließt einen exponentiell wachsenden Datenin- und Wissensoutput, der kaum die Spreu vom Weizen zu trennen vermag, sind die Wege zu seiner geistigen Durchdringung doch allzu verschlungen. Beides - Qualifikation und Zugänglichmachung - sind Versprechen der Modalen Aufklärung. Auch der Konterpondus der KI-Entwicklung würde profitieren: Die Usability vieler Anwendungen ließe sich erheblich verbessern. Was insbesondere den noch nicht, nicht mehr und wenig Kompetenten (also Kindern, Alten und Schlichten) sehr entgegenkäme. Denn auch die sollten gleiche Rechte haben.

Kurzglossar

Amplik (aus Lat. *amplus* ‚umfassend, bedeutend‘)
Lehre von der rationalen Orientierung

Anatheïsmus (wrtl. ‚dem Göttlichen zugewandt‘)
Feier des Göttlichen als innere Qualität => Gott ist ein Modus!

apriorale Forschung (abgel. aus ‚a priori‘)
Erkundung universaler Interaktionsumstände

Apriorie
Gesamtheit des rational Gesetzen und Entwickelten

atal (wrtl. ‚abgründig‘)
Begriffe mit abgründig-unscharfer Definition betreffend

Autorelation (wrtl. ‚Selbstbezug‘)
Bezug von Binalen miteinander aufeinander

Binal (Element eines Binats)
Modalbestimmung, die Teil eines →Binats ist

Binat (echte Dichotomie)
Modal-Paar, das ein höheres →Modal konstituiert

Cosanity (Kofferwort aus Commonsense & Sanity)
skeptische Neubesinnung durch mentale Befreiung

Diërchestanz (wrtl. ‚Durchdrungenheit‘) => **diërchestal**
Basisprinzip der →Modalen Dialektik, das die durchdringende
Geltung und Überlagerung organisaler Wirkgesetze betont

diversal (wrtl. ‚sich entgegenstellend‘: die geistige Remodellierung betr.)
alles betreffend, was die bloße Rezeption übersteigt

Divinalität (wrtl. ‚Göttlichkeit‘) => **divinal**
Vitalgradient des Hoheitlichen; höchste mentale Qualität

domal (wrtl. ‚nestartig‘)
Spezifisches beschreibend (beginnend mit Eigennamen)

dosal (wrtl. ‚gegeben': das Rezipierte betr., also auch Diversales)
das Gegebene (primär empirisch: das Weltliche) betreffend

dramal, Dramalität (aus Altgr. *drama* ‚Vorgang, Geschehen')
den Was-Aspekt betr., der sich aus dem →Yadial-Dosalen ergibt

Dunalität (wrtl. ‚Zwei-in-einem-Seiendheit') => **dunal** (<= dosal + diversal)
kognitive Grundsituation eines Rationalbegabten; Verhältnis von Sein
und Schein [Einheit v. Dosalität + Diversalität], aus dem alle Probleme
der Vermitteltheit von Information / Erfahrung / Wahrheit resultieren

Eduktion (wrtl. ‚Heranziehung') => **eduktiv**
universalisierende Verallgemeinerung, die →Modale erschließt

Emananz (Regularität als Basis des Außerordentlichen) => **emanal**
Prinzip der Voraussetzungslosigkeit: eine Normalität betr., die ohne
weitere Wirkkomponenten auskommt

Eminanz (‚Störfaktorialität' der Außerordentlichkeit) => **eminal**
Prinzip der unregelmäßig hinzutretenden Einflussnahme

Empirie
Gesamtheit des empirisch Erschlossenen

funktiogen
funktional bedingt oder aus Funktionen abgeleitet

Imaginie (Kofferwort aus *Imagination* und *Schizophrenie*)
wissenschaftlich Annahme, die ontisch unhaltbar, aber theoral
produktiv und als Vorbehalt explizit zu erwähnen ist

Intrasymmetrie (wrtl. ‚In-sich-Gleichheit')
multiple Ähnlichkeit gegensätzlicher Erscheinungsformen

Intersymmetrie (wrtl. ‚Zwischen-Gleichheit')
Gleichheit von →dosalen + →diversalen Erscheinungsformen;
Basis aller Metaphern und Gleichnisse

konstellare Inversion
Umschlagen systemischer Prioritäten in ihr Gegenteil

Konterkomplement (wrtl. ‚Gegenergänzer')
gegensätzlich ergänzendes Pendant

Konterpondanz (wrtl. ‚Gegengewichtetheit')
Basisprinzip der modalen Ausgewogenheit

Konterpondus (wrtl. ‚Gegengewicht')
gegensätzliches Pendant in Allaussagen

Konturen
modale Metamuster, die sich als →Montur bewähren müssen;
4 Basiskonturen sind bekannt: Binat, Mod. Vektor, Tetrat, Hexat

Libertation (wrtl. ‚Befreiung')
mentale Befreiung von jeder hypostalen Bindung

lomal (wrtl. ‚haarscharf')
logisch-mathematische Begriffe mit genauer Definition betr.

Metaërotema (wrtl. ‚Hinterfragungsgebot')
durch befreite Transzendenz gewonnene Fähigkeit, einen
Gegenstand über alle Metaebenen hinweg zu reflektieren

modal (wrtl. ‚haarscharf')
universale Interaktionsumstände betr., die eine höhere Klarheit
schaffen und Optimierungen erleichtern

Modal (Modalbestimmung)
→funktiogener Aspekt zur Beschreibung von Modi

Modale Aufklärung
Erkundung allgemeingültiger Modi und Entwicklung eines
Netzes von Modalbestimmungen zur Beschreibung dieser

Modale Dialektik
universalisierende Theorie gegensätzlicher Bedingtheit

Montur
→Modale, die themenbezogen deskriptiv eng verbunden sind
u. formatal innerhalb dieses Verbunds einer →Kontur folgen

Nousativ (aus Altgr. *nous* ‚Geist, Vernunft')
Paradigma der →Modalen Aufklärung; epistemer Imperativ, die
→Empirie aprioral zu fundieren und zu durchdringen

Obvertation (wrtl. ‚Befassung')
mentale Fokussierung auf das Wie: den optimalen Weg

organisal
die Organisiertheit (das der Kausalität Übergeordnete) betr.

Pansophik (wrtl. ‚Lehre von der Allweisheit')
qualirelationale Integralwissenschaft, die als Pendant der Mathematik die universale Verfasstheit funktionaler Systeme erforscht

pansoph
von der →Pansophik her kommend

pansophisch
auf die Verbesserung der →Pansophik zielend

Primärkontur (wrtl. ‚Erstumriss')
autorelationale Differenzierung, die einer binalen Kombination
entspringt und wichtige Kategorien aufzeigt

Projekt Pansophia
Diskursgemeinschaft zur Weiterentwicklung der →Pansophik

Rektion (wrtl. ‚Ausrichtung') => **rektiv**
notwendige rhetische Dimension eines deskriptiven Optimums

Reprodik (wrtl. ‚Lehre von der Reproduktion')
Lehre von den Umständen einer optimal verfassten (umfassend-
nachhaltigen) Reproduktion

Simpleditus-Effekt => **Simpledität** (wrtl. ‚Zueinfachheit')
Tatsachen, die zu basal sind, bleiben ebenso verschwommen
wie solche, die hochkompliziert sind.

skenal, Skenalität (aus Altgr. *skene* ‚Bühne')
den Wie-Aspekt betr., der sich aus dem →Yathal-Dosalen ergibt

Tetracondiciale (wrtl. ‚Vierfachbedinger‘ [ReMoNeQuis]) Abk.: **Tc.**
konturale Eckbestimmungen eines →Tetrats

Tetracondition (wrtl. ‚Vierfachbedingung‘)
Zuordnung fachlich-sachlicher Aspekte zu →Tetracondicialen
(die mit der kognitiven Perspektive wechselt!)

Tetrat (wrtl. ‚Vierfachheit‘)
Verbund modaler Kategorien, mit deren Hilfe sich jede
→funktiogene Thematik so zerlegen lässt, dass alle primär
relevanten Aspekte deutlich werden; das Adjektiv **tetratal** bezieht
sich auf die **Tetratalität**, tetral auf eine Vierfachgliederung

Tetration (wrtl. ‚Vierfacherhebung‘)
Anwendung des →Tetrats als epistemologisches Prisma

Ur-Binat
basaleskes (modaldialektisch grundlegendstes) →Binat, das bei jeder
Problemlösung primär einzubeziehen ist; bislang sind vier U. bekannt:

    Inter-Aktionales   +   Yad-Yathales
Do-Diversales (→Dunalität) +   Dra-Skenales

Urprinzipien => **aktional + interaktional** => **Inter-Aktionalität**
Aktionalität + Interaktionalität; →dosales →Ur-Binat

Vitalgradient
basale Stufe der kosmischen Lebendigkeit, die sich in der Bildung
und Verfeinerung von Systemen zeigt: raum-energetisch, materiell,
vegetal, animal, rational und divinal

Yadialität (wrtl. ‚Obheit‘) => **yadial**
→Rektion des fraglich Vorliegenden, noch Unspezifizierten

Yathialität (wrtl. ‚Wieheit‘) => **yathial**
→Rektion der Art und Weise dessen, was vorliegt

SOLUTATIO

Denken braucht das Einordnen,
nicht in Kästchen nach Schablone,
viel mehr ein Einnorden
jeder Ebene und Zone.

Kein Dogma, nie.
Und doch: Voraussetzungen.
Keine Akribie:
Empathisch-lockre Setzungen,
die Einsichten vertiefen
und achtsamer uns machen.

Was immer so wir riefen
und heben klar hervor
an Attributen, die entflachen,
wird Weisheit neu entfachen
und helfen Hochtalent und Tor.

Integrale Forschung pandisziplinär!

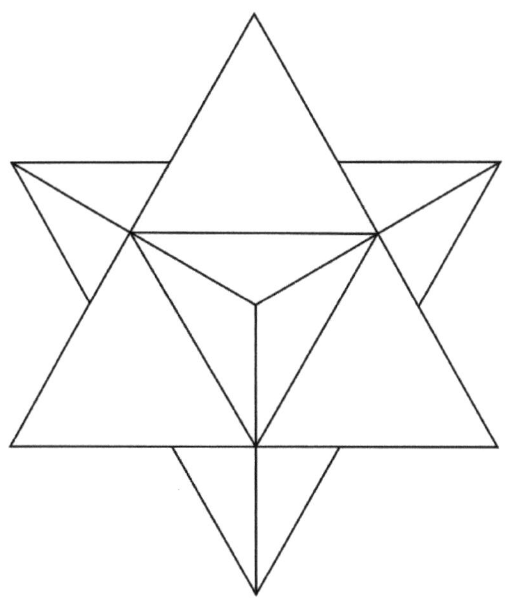

Vorschläge zur Ergänzung der Wissenschaftstheorie

2024

Prolog

Wir werden in eine Welt geboren, in der vieles diffus-chaotisch und schwer durchschaubar scheint – oder leicht verständlich. Beides mindert tiefe Einsicht.

Beziehungen sind oft verborgen. Sie strukturieren jede Interaktion. Schon im Chaos der Gestirne zeigt sich dies. Reproduziert sich ein System, strukturiert es sich entlang funktionaler Determinanten, deren Kenntnis mindestens dreifach wichtig ist: Tieferes Verstehen und bessere Kommunikation werden ermöglicht, die Lösung komplexer Probleme wird erleichtert.

Die Vielfalt der Strukturen erweckt den Eindruck, jedes System folge artspezifischen Interaktionsmustern, besäße eine ‚eigene‘ Funktionalität. Die fachspezifische Forschung vertieft dieses Missverständnis und vergrößert so die Schwierigkeiten: in der fachlichen Systematik wie in der fachübergreifenden Kommunikation. Doch diese Welt entstammt *einem* ‚Urknall‘. Gleich wie komplex die Entitäten interagieren: Es zeigen sich *dieselben* prinzipialen Grundmuster. Erkunden wir diese, wird *jede* Strukturierung transparenter.

Wer in dieser Richtung forscht, stößt auf pseudobanale Grundbestimmungen, die die Art und Weise einer Interaktion (ihre Modi) a priori beschreiben, sodass jeder Anwender ‚Modi-Marker‘ (Modalbestimmungen) nutzen kann, um Differenzierungen systematisch zu qualifizieren, Probleme effizienter zu lösen – und in weniger Fallen zu tappen.

Nachfolgend möchte ich beweisen, dass sich Karl Poppers Geringschätzung der Induktion ins Gegenteil wenden lässt – indem wir universale Prinzipien zu erspüren suchen. [Generalisierende Eduktionen konterkomplementieren konkrete Induktionen.] Die Linguistik hat mit dem Begriff der Modalität ein Portal geöffnet, dass wir gemeinsam beleuchten und durchreiten sollten.

Problemlage

Erkenntnis als Befähigung und intersubjektives Werk ist durchprägt von purer Not: Es geht um Orientierung, um eine Klarheit, die Erfolge sichert und verstetigt, die Kommunikation wie Konzeptionen vereinfacht und erleichtert – offen für Erweiterungen. Primär wichtig ist der Einblick in Zusammenhänge, das Wie und Warum. Dieses relationale Interesse erlahmt jedoch oft, sobald erklärungsstarke Theorien Anwender überzeugen.

Das Wissen der Menschheit ist in sich verflochten. Sein Grundgerüst hat die Form eines Tipis, das doppelt - nach oben wie unten - offen und geschlossen ist: ein hochweites Zelt des Bewährt-Notwendigen im Nebel des Wahrscheinlich-Möglichen. Ein Flickwerk heute – morgen ein sich verdichtendes Netz?

Wir brauchen eine pandisziplinäre Grundlagenforschung für fachliche Grundlagenforscher. Keine Besserwisserei wie in der Antike, keine Bevormundung wie im Mittelalter oder ideologische Indoktrination wie in der Neuzeit: eine werte- und wertungsfreie Analyse. Nicht der Sprache oder der Seele: der vielfältigen Organisationsformen der Natur. **We need a bionic philosophy: modal heuristics!**

Es gibt bereits eine basale Hilfswissenschaft, die allen nützt und jeden unterstützt: Die Mathematik relationiert Quantitäten und hilft mit ihrer Erforschung quantirelationaler Metastrukturen allen Fachwissenschaftlern. Dennoch trat sie Ihren Siegeszug in der Alchemie erst Ende des 18. Jahrhunderts an (die Chemie hervorbringend), in den Gesellschafts- und Wirtschaftswissenschaften gar erst im 20. Jahrhundert. Es ist an der Zeit, den nächsten Schritt zu tun: das qualirelationale Pendant zur Mathematik zu entwickeln, eine Lehre von der interaktionalen Verfasstheit der Welt als universale Organisationstheorie, die allen Forschern Erkenntnis- und Methodik-Hilfen zur Verfügung stellt. Frei von Werten und Wertungen.

Das primäre Wechselspiel von Empirie und Theorie wiederholt sich doppelt: zwischen angewandter und Grundlagen-, sowie zwischen differenzialer und integraler Forschung. Letzteres quanti- wie qualirelational: mathematisch und pansophisch.

Unter KI-Forschern ist von Metamustern die Rede, leider nur von quantirelationalen. Dabei sind qualirelationale nicht weniger spannend. Das Gemeinsame im Gleichen zeigt sich in ‚Ordnungseckbestimmungen': in Modalbestimmungen, die interaktiogene Modi als universalisierte Aspekte verdeutlichen. Unbewusst nutzt jeder täglich etliche Modale (s. u.).

Im Grunde geht es darum, Funkionalstrukturen durchschaubarer zu machen. Ob Nacktschnecke oder Volkswirtschaft, die Konstruktion einer Alarmanlage oder die Systematik einer Fachwissenschaft: Überall dort, wo's hochkomplex wird, verbessern und erleichtern modale Metastrukturen den Durchblick. Die Pansophik ebnet - unbeabsichtigt - den Weg zur Entwicklung einer echten KI: Ihr universaler Ansatz schafft die Grundlagen einer weisheitsorientierten Software-Architektur. Doch es gilt:

Wir leben in *einer* Welt. Warum erforschen wir nicht die Grundprinzipien ihrer Organisiertheit? Es geht darum, die Modi jeder Organisationsform zu verallgemeinern, um von bewährten Optima - insbesondere denen der Pflanzen und Tiere - zu lernen. Was sichert Erfolge nachhaltig? Jeder ist aufgerufen, von seiner Warte aus mit seiner spezifischen Kompetenz das Projekt Pansophia - die Erarbeitung einer qualirelationalen Integralwissenschaft (wie auch immer sie heißen mag) - voranzutreiben, um wertungsfrei staunend, ohne Gewissheiten, ohne ideologischen Impetus ergebnisoffen Funktionsstrukturen komplexer Systeme zu analysieren und ein höheres Lernen zu realisieren – um universal Gültiges zu entdecken!

Erste Voraussetzung: fokale Verschiebungen

Metamuster erkennen und nutzen – wie soll das möglich sein? Erkenntnis ist nur zu gewinnen, wenn und wo Ordnung herrscht. Kausalität lässt sich rein logisch, Organisiertheit nur logisch *und* dialektisch remodellieren – mithilfe von Modalen, die das Grundgerüst jeder Systematik und jeder Kommunikation bilden. Ihre Wahrnehmung bedarf einer freien Transzendenz.

Das chaotische Wabern der Welt mag uns nur deshalb geordnet vorkommen, weil wir Ordnung herbeisehnen. Doch Geordnetheit ist überlebenswichtig und Erfolg auch hier ein suffizienter Wahrheitsindikator. Die konstitutionelle Bedeutung der Interaktionalität kann niemand leugnen. Das genügt. Die Diskussion, ob etwas außerhalb unserer Vorstellung existiert, unterliegt ebenso Ockhams Rasiermesser wie die Frage, ob nicht jede Erkenntnis selbstgesetzt ist. (Jein! Siehe unten.)

Aus dem Fakt, dass die Dinge in sich und mit uns wechselwirken, ergibt sich vor dem Hintergrund der Ausgangsvermutung *(Alles ist gleich organisiert.* Goethe: *Die Welt ist ein Gleichnis!)* ein epistemologischer Grundoptimismus: Entstammt das Ordnende wie das Geordnete derselben Quelle, liegt die Vermutung nahe, dass eine Überlagerung beider Interaktionsbereiche Interferenzmuster von durchdringend-ausnahmsloser Gültigkeit zu offenbaren vermag – wenn man weiß, worauf zu achten und achtsam ist.

Das oft beschworene philosophische Staunen zielt auf ein tieferes Verstehen, wird aber ständig abgelenkt: durch die Prominenz des Spezifischen, durch die Opulenz der Vielfalt, durch Empörung und Verschwörung. Und die reflektive Insuffizienz der Neuronen. Was da zu tun bleibt? Empathie und Transzendenz heißen die Flügel, Neugier und Durchmusterung die Klauen des Erkenntnis-Phönix.

Die Ratio behilft sich – ein hinreichender Ansatz.

Zweite Voraussetzung: produktive Hybris

Schon als Kind fiel mir auf, dass Erwachsene täglich hundertfach Bestimmungen nutzen, die allgemein wichtig, aber nicht - ich wuchs in der DDR auf - ideologisch ‚aufladbar' waren. Kategorien wie Qualität + Quantität, Strategie + Taktik, System + Element elektrisierten mich, weil durch sie die Weisheit eines universal-multiplen Brückenbaus hindurchschimmerte.

Doch ihre Definition war schwammig; sie wurden weder zerlegt noch systematisch eingebunden. Ich hoffte, spätestens im Studium eine Art Gesamtsystematik kennenzulernen, die basal und allumfassend Klarheit schafft – und wurde enttäuscht. Nach meiner Abschiebung in den Westen als politisch Unbequemer schrieb ich mich im Fach Philosophie ein, nur um festzustellen, dass sich kein rational Begabter dieses Planeten je wirklich der Erforschung des universal Gültigen angenommen hatte. Eine komplette Erkenntnis-Dimension jahrtausendelang vernachlässigt? Prominenzbedingt!

‚Welch eine Anmaßung!', werden jetzt manche denken, haben sich doch viele mit allgemeinsten Kategorien lange und aufs Sorgfältigste abgequält. Und gelangen nicht etliche gute Entwürfe? Denken wir an die Kybernetik, die Systemtheorie. Doch mein Vorwurf bleibt: Kein Philosoph des Okzidents wandte sich je vom Spezifischen ab und dem Allgültigen konsequent zu, das immer nur ‚bedarfsweise-ausschnitthaft' und meist er- statt aufklärungsorientiert* erforscht wurde. (*Aufklärung der Relationen!)

Japanern ist die Forderung ‚Zurück zum weißen Blatt Papier!' geläufig – pansophisch - ‚philosophietechnisch' - höchst bedeutsam. Doch die autogene Transzendenz lässt sich nur mit Hybris und ‚Chuzpah' befreien, Schwingen der Metaerotema. Neugier und - wortwörtlich - Interessiertheit (*inter-esse* Lat. ‚das Dazwischensein') vorausgesetzt. Wo die Demut bleibt? Wo's reibt, wenn einer übertreibt.

Die Metaërotema erfordert und erschließt eine hoheitliche Sicht auf alle Dinge, bringt sie in Zusammenhang und erfasst sie in ihrer universalen Absolutheit – durch eine imaginierte Panrelationierung. Eine Ambition, die nie Erfüllung findet. Aber darauf kommt es im Bergstollen grundsätzlicher Erkenntnis gar nicht an. Es zählt der Versuch. Ein Hacken und Schaufeln im Berg? Seine luftig-sachte Durchdringung. Transzendierende Empathie erschließt die prinzipialen Gemeinsamkeiten *sämtlicher* Organisationsformen. Und die Erkenntnis, dass etliche Aussagen sowohl wahr als auch falsch sind; ein Spezialfall, mit dem moderne vierwertige Logiken (wie FDE oder Belnaps FOUR) ebenso selbstverständlich umgehen wie Tiefendenker der östlichen Antike in Form des Catuşkoţi. (Die Modale Dialektik systematisiert den ‚dritten Fall'.)

Der ‚Generalschlüssel': echte Dichotomien

Der Schlüssel zu integraler Ganzheitlichkeit liegt in einem uralten Beschreibungsformat, der Dichotomie, wobei ich zwischen echten und unechten unterscheide. Yin & Yang gelten - als Dunkel-Tiefes & Hell-Hohes oder Weibliches & Männliches - nicht exklusiv universal. (Gleichberechtigt sind das Unterschiedslose und das ‚Mittelgraue' resp. das Androgyne und Asexuelle.) Anzuerkennen ist der Versuch, eine universale Ordnung auszumachen; abzulehnen ist die Tendenz, eine solche herbeizuzwingen.

Echte Dichotomien, sogenannte Binate, lassen kein Drittes zu. Beginnen wir struktural: Das Oben + Unten (pansoph: die ‚Obenheit + Untenheit') oder Vorn + Hinten usw. muten harmlos an, doch sie implizieren wichtige Aspekte, denken wir nur an die Chiralität isomorpher Moleküle. Die Nichtbeachtung einer so simplen Dichotomie wie der ‚Rechtsdrehendheit' + ‚Linksdrehendheit' führte (bezogen auf Moleküle) zum Contergan-Skandal. Diplomaten wissen Hintergründigkeit sehr zu schätzen usw. usf.

Aber gelten Modale nicht überall und immer durchdringend ausnahmslos? Da die Chiralität einen strukturalen, nur bedingt funktionalen Aspekt darstellt (und deshalb nur bedingt modalisierbar ist), spielt sie bei etlichen Molekülen keine Rolle. Hier liegt die Frage nahe, ob das genannte Binat eine echte Dichotomie darstellt. Wie können binatal verknüpfte Modale (Binale) universal gelten, wenn es Ausnahmen gibt? Die Antwort ist simpel: Sämtliche Modalbestimmungen sind *latent* gültig, interaktionsbezogen werden nur wenige relevant. Dennoch sollten wir alle kennen. Was wohl nie der Fall sein wird: Das Hochweite Zelt der Pansophik ist ein Netz, das nie vollendet sein wird.

Jedes Modal verhält sich in mindestens einer Beziehung binal. Obwohl sich Binale gegensätzlich zueinander verhalten, gelten sie bei ‚Interaktionsszenarien', in welchen sie relevant werden, stets gleichermaßen – selten gleich stark. Zu verwirrend? Hier ein Beispiel:

Das Nach- + Nebeneinander heißt pansoph Abales + Parales. Physiker messen den Weg [die Paralität] mithilfe der Zeit [der Abalität]. In der Schweiz ist es noch heute üblich, Wegstrecken in Minuten anzugeben. Für einen Bauherrn wechselt in den verschiedenen Projektphasen die raum-zeitliche Priorität – mehrfach: Die Vorbereitungsphase ist abal, die erste Bauphase klar paral dominiert. Ging es zunächst darum, zügig eine Baugenehmigung zu erhalten, ist gleich zu Beginn sicherzustellen, dass nicht über fremdem Grund gebaut wird. Usw.

Jede Prozessplanung muss paral und abal durchoptimiert werden, auch im Nachgang. Dennoch passieren weltweit immer wieder unnötige Eseleien, die die Kosten explodieren lassen. Erlernen Schüler schon in der sechsten Klasse die Grundregeln der Modalen Dialektik, können sie solche Fehler erkennen und meiden. Die Vielzahl zu beachtender Binate erfordert natürlich eine entsprechende Expertise – die keinesfalls nur Pansophen besitzen sollten.

Widerspruch und Gegensatz
erschließen uns den Weisheitsschatz

‚Eure Rede aber sei: ja, ja; nein, nein', heißt es in der Bibel. Entschiedenheit schafft Klarheit, Unter- und Entscheidbarkeit, wichtig für die Bewältigung von Alltagsproblemen. Ob Politik oder Maschinenbau: Die ‚primäre Klarstellung' wird priorisiert. Da ist es nicht verwunderlich, dass sämtliche Wissenschaften dem Paradigma der Logik folgen: Widersprüche sind auszumerzen. Mathematiker geben sogar freiwillig den Anspruch auf Universalität auf – zugunsten der Widerspruchsfreiheit.

Doch es geht auch anders: Wer den produktiven Widersprüchen bina(ta)ler Gegensätze folgt, gelangt zu universalen Einsichten, die sich konterpondal verwirklichen – diërchestal ermöglicht. Die Konterpondanz[K] beschreibt die ‚Gegengewichtetheit' der Modale, die Dierchestanz[D] ihre Verwurzelung im Ganzen. Zu abgehoben? Ein Haus braucht Flure[K] und Treppen[D] – wichtige Zugänge.

Durch transzendente Empathie gelangen wir zu intuitiver Einsicht. Das All schäumt. In wenigen Nischen verschränken sich Moleküle reproduktiv und beweisen so, dass der emanalen [aktiogenen] Entropie eine eminale [interaktiogene] Eutropie partiell entgegensteht: Nach der materiellen Kondensation des Raum-Energischen hoben evolutionär das Vegetale, Animale und Rationale die interaktionale Komplexität auf eine höhere Stufe, je eine *konstellare Inversion* auslösend. Alles, was ‚richtig' war (i. S. e. erfolgreichen Reproduktion) kehrte sich um: Ein Stein überdauert durch Mutualverschränkung, ein Blatt durch Stoffwechsel, ein Tier durch Ortswechsel, ein Mensch durch Erkenntnisse. Mit der Lebendigkeit des Rationalen kommt es zu einer Multireflexion, die das Dilemma von Schein + Sein [Dunalität] auf die Spitze treibt. Auch die Pansophik kann es nicht lösen. Aber produktiv handhaben.

Faszinierende binale Eigenschaften

Es gibt tausende Binate und jeder ist eingeladen, sie entdeckend zu entwickeln, verbessern sie doch erheblich Systematik und Orientierung. Doch wenn es so leicht wie einfach wäre, Modale zu erkunden, hätten schon Tiefendenker der Antike ein Netz universaler Umstandskategorien präsentiert. Was hinderte sie daran?

A – Virtualität und oszillierende Relevanz durch ein interaktionsabhängiges Changieren

Die a priori zutreffenden Modale sind in einem besonderen Maße virtuell – je basaler oder funktiogener, desto stärker. Ihre Unanschaulichkeit und Abstraktheit wird durch die Tatsache verstärkt, dass etliche der Zuordnungen funktionalen, organisationstypischen Charakteristika folgen, die von einem übergeordneten Standpunkt aus zu betrachten sind, was erst in der Moderne zur Regel wurde. Doch auch die Syntax ordnet Meta-Begriffe durch Metameta-Begriffe, nur dass dies strukturbezogen erfolgt.

Die universale Grammatik der Modalbestimmungen ist relationaler Natur. Glaubt ein Anwender, eine modale Meta-Relation verstanden und erfasst zu haben, entgleitet sie ihm wieder, sobald das Beispiel-Problem aus einer anderen Perspektive reflektiert wird, die andere Zuordnungen sinnvoll erscheinen lässt. [nexionales Changieren]

Modale charakterisieren Charakteristika – was ihre Virtualität enorm vergrößert. Leider changieren sie doppelt: Zwar gelten Konterkomplemente trotz Gegensätzlichkeit gleichzeitig, die Dominanz ihres Zutreffens wechselt aber je nach Reifegrad des betrachteten Prozesses [dosagener +]; zudem hängen Zuordnungen vom reflektiven Standpunkt ab [diversagener Dominanzwechsel]. Um in diesem Spiegelkabinett Monturen und Konturen ausmachen und austesten zu können, braucht es ein entspr. Methoden- und Problembewusstsein.

B – Multimodularität und Pateration

Die Verknüpfung von Modalbestimmungen führt *immer* zu sinn-voll-wichtigen Aussagen. Diese [monturale] Brillanz verdanken Modale ihrer integralen Herkunft. Trotz Unscheinbarkeit sind sie ‚königlich': nicht nur allgültig, sondern auch universal anwendbar. Zugleich ‚wehren sie sich' gegen feste Zuordnungen: Modale sind multimodular freiheitlich, nonkonform, da ‚unikonform' – was unserer Sehnsucht nach Halt und fester Zuordnung zuwiderläuft.

Und sie gehen auseinander hervor. Faszinierend! Dachte Aristoteles noch, dass Kategorien wie Wahrheit, Qualität oder System für sich stehen, zeigt die Modale Dialektik, dass diese ‚adjektivisch dynamisiert' - eben: als Modal - sowohl verschmelzbar als auch aufspaltbar sind, wobei basale Binate abgeleitete hervorbringen, indem sie ihre Ordnung beugend übertragen. Binate und Tetrate erzeugen als deskriptives Prisma ein Faktoren-Gitter.

Die modale Vernetzung der Modale nenne ich **Pateration**; sie wird von der Abhipratik erforscht, der Lehre vom Für und Wider. Zu unanschaulich? Gleich kommen Beispiele.

C – Multiple Metastrukturen

Die pansophische Sicht muss - wie die mathematische - eingeübt werden. Sie geht über die systemische Sicht der Bionik hinaus. Pansophen interessiert die funktionale Verfasstheit: Spezifische Systeme werden als Beispiele *prinzipieller* Problemlösungen angesehen, wobei nicht die Lösung als Resultat, sondern ihre prozessuale Einbindung im Fokus steht, damit allgemeine Aspekte *jeglichen* Erfolges deutlicher werden. Optimalitätsbezogen.

Doch die Modale Aufklärung begnügt sich nicht mit propositionalen [monturalen] Erkundungen: Modale lassen sich sinnvoll zu Vektoren zusammenfassen, zu Tetraten und Hexaten. Die Art der anzuwendenden Kontur leitet sich aus der Problemstellung ab.

Wichtige Binate – Katalysatoren der Klarheit

Nachfolgend möchte ich Modal-Paare vorstellen, die so basalesk (‚grundlegendst') bedeutsam sind, dass ich sie Ur-Binate nenne. Ihre Anwendung bringt alle Ismen zusammen, alle Dilemmata lösend.

1 – **Die Dunalität des Dosalen + Diversalen**

Jeder muss Schein + Sein unterscheiden – ohne Letztbegründung. Die Modale Dialektik behandelt das Thema wie eine uneinnehmbare Burg: Sie ‚umweht', umspielt das Dilemma von allen Seiten und achtet auf einen praxistauglichen Umgang.

Sowohl das [exogen] Vorliegende - altgriech.: das Dosale - als auch das, was dieses [endogen] geistig zu bewältigen sucht - das sogenannte Diversale -, ist in der rationalen Bewusstheit durchdringend präsent – wie die Seiten eines Möbiusbands. Egal wie abstrakt ich grübeln mag und das Diversale dominiert: ohne die dosalen Zerebralprozesse, die dieses Grübeln ermöglichen, wäre es nicht präsent. Und egal wie genau ein Physiker dosale Dimensionen vermessen mag: Spätestens die Interpretation der Messergebnisse ist diversal dominiert.

Die Frage, ob es eine Realität außerhalb individuellen Bewusstseins gibt, ist unproduktiv, mithin: transformationsbedürftig. Alles ist real *und* ideell! Jedes auf seine Art. Nicht das Verlassen der Höhle bemächtigt uns, sondern das Entziffern der Metamuster ihres Schattenspiels. Wer in die ‚Sonne der Vernunft' stiert, erblindet für das Eigentliche: Die Ratio behelfe sich. Cleverness statt Rumgeschwafel! {Diogenes von Sinope} [Nousativ statt Narrativ!] Die **Dunalität** (ital.: die ‚Zwei-in-Einem-Seiendheit') erübrigt unproduktive Schismen, Ismen und Trismen. Statt im Kreis zu laufen, könnten Philosophen neu beginnen und mehr erringen. Das Projekt Pansophia verwirklicht den Traum der Fünfzigerjahre: *ein* Diskurs für *alle* Philosophie-Schulen. Weil es jede ‚züchtigt' und alle ertüchtigt.

2 – **Die Urprinzipien: Aktionalität + Interaktionalität**

Das Faszinierende an Modalen ist - neben ihrer Verknüpfbarkeit und Anwendungskraft - ihre Wandlungsfähigkeit. Sie treten außer als substantiviertes Adjektiv oft als Prinzip, Imperativ, Status- oder Prozessbezeichnung in Erscheinung. Das folgende Ur-Binat führt dies deutlich vor Augen.

Im Oktober des Jahres 2006 grübelte ich über die Frage, welche Modale die Dosalität basalesk fundieren, und stieß auf zwei Grundbestimmungen, die so bedeutsam waren, dass ich einen Tag lang nicht zu sprechen vermochte: Alles ist in sich und aus sich heraus lebendig. Und: Alles interagiert mit allem. Beides widerspricht sich, sobald wir eine resultative Sicht einnehmen: Interaktion ermöglicht Ordnung, Aktion primär Chaos. Meine Vermutung, dass *jedes* Phänomen, *jede* praxisbezogene [dosal dominierte] Thematik sowohl aktional als auch interaktional durchleuchtet werden muss (die Gegensätzlichkeit beachtend), erwies sich als höchst bedeutsam und blieb bislang unwiderlegt. (Trivial? Es wird bis heute nirgendwo konsequent systematikal umgesetzt!)

Jede Nichtbeachtung der Aktionalität + Interaktionalität - des Ersten und Zweiten Urprinzips - führt dazu, dass sich Forscher ‚vertun'; was kaum auffällt, da sich oft gleichzeitig irren, wie bei der Annahme einer Dunklen Energie oder Materie. [aktionale Setzungen] Statt implikative Faktoren* zu erwägen! [interaktionale Adaption]

*Bsp. Rotarialfaktor: Bewirkt der hohe Drehimpuls großer Massen ein gravitales Additiv (eine Art Sog), ist die Dunkle-Materie-These komplett überflüssig.

Die Tragweite der Urprinzipien ist kaum zu ermessen; ihre abyssale Bedeutung erschließt sich durch transzendente Empathie. Nicht nur der Fluss ist immer ein anderer: auch der, der hineinsteigt. Selbst die atomaren Sprünge im Kristallgitter eines Diamanten hätten sich vorhersagen lassen – ohne Messung! Die Pansophik schärft die Intuition jedes Forschers. Eine wichtige Ressource.

3 – **Das diversale Ur-Binat: Yadiales + Yathales**

Wer die Frage zu beantworten sucht, welches Modal-Paar die kognitive, diversale Seite der Dunalität basalesk durchformt, stößt auf ein Binat, das so simpel wie allprägend ist: das Ob + Wie – pansoph: die Yadialität + Yathalität (Sanskr.: ‚Obheit' + ‚Wieheit'). Es durchprägt basalesk die Gewinnung und Verarbeitung von Informationen wie Erkenntnissen.

Beispiel Mathematik: Ihr genügt die yadiale Qualität – zunächst. Ob Kartoffel oder Wellenberg: Die Registrierung einer definierten Eminanz reicht, um zu zählen. Dieser ob-abhängige (yadial dominierte) Vorgang wird zur Grundlage einer komplexen Quantirelationierung, die yathal ein höheres Wie hervorbringt: eine Vielzahl mathematischer Instrumente.

Die Pansophik geht den umgekehrten Weg. Das konkrete Wie wird ‚bestaunt': *Dass* überhaupt eine Komplexität / Raffinesse etc. vorliegt, ist bemerkens- und erforschenswert. Das Yadiale zeigt sich interrogativ als Ob, propositional als Dass, wobei jede These zur Hinterfragung einladen sollte, damit Zweifel willkommen bleiben und die Erarbeitung eines höheren Wie [generalisierte Yathalität] - frei von Gewissheit - jedem gelingt.

Weitere Beispiele – Schach: Ob ich am Zug bin, ist oft von entscheidender Bedeutung. Dass + wie ich mich in eine missliche Lage gebracht habe, ist für Lernprozesse basal wichtig. Im Sudoku zeigt sich das yad-yathale Wechselspiel am deutlichsten: Die Position der Zahlen 1 bis 9 in Spalten, Reihen und Blöcken lässt sich nur ermitteln, wenn deren yathale Freiheit yadial beschränkt wird. Das Ob entbirgt das Wie – faszinierend!

Erhält eine modal strukturierte Software exogene Vorgaben in Form einer par-abal differenzierten Inter-Aktional-Matrix, kann sie diese als Referenz für yad-yathale Lernprozesse nutzen, wobei Feedbackschleifen autogene Optimierungen ermöglichen.

4 – **Das forma(ta)le Pendant: Dramales + Skenales**

Auf etlichen Schwarm-Grafiken von M. C. Escher verwandeln sich Zwischenräume in ‚konterpositive Gegenschwärme'. Eine modale Metapher, die auch das Verhältnis der Ur-Binate gut beschreibt: Das Inter-Aktionale und das Yad-Yathale stehen sich als dunales Pendant gegenüber, die inhaltliche Seite der Modalen Dialektik basalesk fundierend. Doch wie sieht ihr formales Pendant - das formatale Ur-Binat - aus?

Eine theoretisch anmutende Frage. Doch Allumfassendheit erfordert Achtsamkeit: Jede Dysbalance ist zu vermeiden, vor allem bei den Ur-Binaten. Schon 2006 grübelte ich über ein ‚Meta-Modal-Paar', das inhaltsleer, doch inhaltsordnend, also im besten Sinne modal ist – und wurde fündig: Betrachten wir die Welt als Drama und Bühne (altgriech.: skene), gelangen wir zum Ur-Binat des Dramalen + Skenalen, der ‚systemischen Was- + Wieheit'. Eine Formalität von innermodaler Wichtigkeit? Mag sein, doch die Welt kann in Gänze sowohl als Drama als auch als Bühne aufgefasst werden – und jedes Binat hat einen dramalen und einen skenalen Pol! Zum guten Ton im Diskurs sollte es gehören, bei jedem Binat den dramalen Part zuerst anzuführen – woran ich mich oft selbst nicht halte. Seufz!

Im nächsten Kapitel ist von Autorelationen* die Rede. Modale sind auch mit sich selbst sinnvoll verknüpfbar. Der dra-skene *Selbstbezug führt zu einem effektiven Erkenntnisinstrument: dem Tetrat. (S. 49f) Analysieren wir die Eckpunkte [seiner Primärkontur], also das dramale Dramale, dramale Skenale, skenale Dramale und skenale Skenale, gelangen wir zu Ordnungskategorien [Tetracondicialen], die trotz hoher Abstraktheit Funktionalstrukturen basal ordnen. Jedes funktiogene Thema lässt sich tetratal aufschlüsseln, wodurch seine Grundkonstituenten deutlicher hervortreten. Etliche Beispiele hierfür sind in meinen Büchern ‚Denke selbst – und beginne von vorn!' und ‚Projekt Pansophia' zu finden.

Modale Anwendungen

1. Das **Binat**, ein wichtiges Erkenntnisinstrument

Bevor wir uns modalen Metastrukturen höherer Dimension zuwenden, möchte ich andeuten, wie ergiebig die Nutzung echter Dichotomien ist – wenn man sich ihrer bewusst wird, sie nicht unterschätzt und gezielt einsetzt. Zum Beispiel:

– Immer dann, wenn Physiker von unendlichen Weiten / Größen / Dimensionen reden, ist zu fragen, wie ernst sie dies meinen. Das Unendliche ist ein deskriptives Hilfsmittel: Wir brauchen dieses Konzept, um das Endliche einordnen zu können. Daraus eine reale Unendlichkeit abzuleiten, ist so unsinnig wie die Annahme, Ideen existierten extern, nur weil wir sie oft allegorisch-metaphorisch verselbständigen, sie quasi externalisieren – als sprachliches Stilmittel. Die Modale Dialektik hilft hier simpel weiter: Alles ist endlich *und* alles ist unendlich! Da das Unendliche Extrapolationen und Interpretationen entspringt, ist es diversal, das Endliche hingegen dosal dominiert. Rein rechnerisch [lomal] mag das Unendliche eine wichtige Größe sein, interpretativ führt es zu unproduktiv widersprüchlichen, ja zu absurden Folgerungen.

= Erkenntnis ist aprioral *und* empirisch determiniert. Der Streit zwischen Rationalisten und Empiristen ist einfach nur peinlich! Selbst Kindern ist klar, dass sowohl die sensorisch fundierte Informationsaufnahme als auch die zerebral basierte Informationsverarbeitung auf angeborenen Fähigkeiten beruht, die schon in Krebsen, Kraken und Kröten angelegt sind. Beim Menschen wiederholt sich das komplementäre Wechselspiel von Empirie und Apriorie rezeptiv und theoral: auf der Ebene der Informationsgewinnung und Theorienbildung. Wer die Basisprinzipien der Konterpondanz + Diërchestanz anzuwenden vermag, meistert die Erkenntnis-Aporie mit Leichtigkeit.

≡   Autorität versus freie Selbstentfaltung – dieser Gegensatz taucht ab und zu noch immer alternierend in Diskussionen zum Thema Kindeserziehung auf. Etliche Ratgeber verbinden inzwischen diese scheinbar widersprüchlichen (eben konterkomplementalen) Gegensätze. Eine pansophe Vorbildung hätte zu anderen Diskurs-Schwerpunkten geführt, treffen doch beide Aussagen gleichermaßen zu: Kinder brauchen Grenzziehungen und Leitlinien. *Und:* Kinder brauchen freies Spiel, zudem die Ein- und Ausübung von Widerstand.

≣   Laissez-faire vs. Dirigismus, Austerität vs. Interventionismus: Wer Binate kennt, anwendet und auswertet, vermag die zugrundeliegenden makroökonomischen Konstituenten einer entwickelten Volkswirtschaft seriös gegeneinander abwägen ohne Vereinseitigungen. Modale Metastrukturen helfen, sich ideologischer Verzerrungen und demagogischer Absichten zu erwehren. Und populistischen Quark als solchen zu entlarven.

2. **Intrasymmetrie + Intersymmetrie**

Die modale Symmetrie impliziert zwei hochproduktive Prinzipien: die Intra- und die Intersymmetrie.

Die *Intrasymmetrie* ist lang bekannt: Les extrêmes se touchent! Die Wirkungsgleichheit extremer Gegensätze verblüfft immer wieder. Hoher Überdruck ist ähnlich gefährlich wie hoher Unterdruck; sehr hohe Temperaturen haben ähnliche Auswirkungen wie extrem tiefe; akribische Vorbereitung ist ähnlich hinderlich wie eine zu oberflächliche. → Jede Optimalitätsforderung ist intrasymmetral veranlagt.

Die *Intersymmetrie*-These behauptet, dass jedes Binat ein dunales Pendant besitzt: Jeder dosalen Eigenschaft lässt sich mindestens eine diversale metaphorisch zuordnen et vice versa. Die Welt ist ein Gleichnis, und jedes gelungene Gleichnis erschließt uns die Welt. Pansophische Inspiration führt zu produktiver Transzendenz.

3. **Konstellare Inversionen** – kaum bekannt, oft verkannt

Auch unscheinbare Übergänge in systemischen Wechselwirkungen können zu scharfen Gegensätzen führen, zunächst *orthogonal* (ergänzend gegensätzlich), doch in pragmaler (handlungsbestimmter) Konsequenz auch *diametral*. Eine konstellare Inversion bezeichnet das Umschlagen systemischer Verhältnisse bezüglich der Art des notwendigen Einwirkens auf diese, um erfolgreich zu sein.

Ein simples Beispiel ist die Notwendigkeit beim Segeln, die straffe Großschot kontrolliert zu fieren, wenn der Wind umschlägt. Eine unscheinbare Änderung der systemischen Konstellation erfordert konträre Maßnahmen. Je komplexer das Umfeld, desto hilfreicher der Imperativ. Eltern wie Pädagogen kennen die kindlich-adoleszenten Reifungsstufen, die oft mit gravierenden Umschwüngen verbunden sind. Konstellare Inversionen inklusive.

4. **Metaërotema** – eine fundamentale Voraussetzung
   echter Wissenschaftlichkeit

Was hebt die rationale Erkenntnis über die animale Orientation? Hinterfragung. Doch wie konsequent und methodologisch raffiniert erfolgt diese? Eine ‚produktive Hybris‘ ist nötig; sie beruht auf einer Qualität, die in jedem Menschen schlummert. Das Hoheitliche bildet neben dem Wahren, Guten und Schönen die vierte und wichtigste Grundkompetenz: Sie nimmt kognitiv den Standpunkt der Allverantwortung und Allergründung ein. Epistemologisch: ein ‚holoanalytisches‘ Staunen. Im Kern geht es darum, sich über alles zu wundern, als ob man es zum ersten Mal erlebt, und selbst dieses Wundern zu bestaunen. Die Metaërotema bezeichnet ein fortgesetztes, universal-multiples Thematisieren und Theoretisieren. Die dafür notwendige geistige Freiheit muss von vielen mühsam errungen werden; doch jede Generation bringt Talente hervor, die ein solches ‚Reifen im Schweifen‘ - nativ naiv - mühelos genießen.

5. Der **Imaginie**-Vorbehalt

Die Metaërotema hilft nicht nur, alle Metaebenen zu erforschen. Sie stärkt auch die ontische Bewusstheit: das Spüren tief ins Sein. Die Ontik braucht und entfacht eine transzendierende Empathie, die die basalen Eigenschaften des Quantenschaums Namens Materie (sei es in einem Tropfen oder einer Galaxie) intuitiv erfasst und so der Eduktion (S. 14) eine inspirative dosale Basis verschafft, die sich diërchestal bewähren muss.

Zwei Beispiele sollen dies erhellen: die Widerlegung der These vom Informationserhalt und die Einordnung des Unendlichkeitsbegriffs.

a) Keine Information geht je verloren? Dissi-peasy!

Die T-Symmetrie ist ein quantenfeldtheoretisches Postulat, das sich dann nicht mehr bewährt, wenn es den (ontisch gesehen) unbestreitbaren allgemeinen Informationsverlust leugnet. Dieser soll ‚nur' lokal gelten; im Ganzen gehe ja nichts verloren. Die dissipative Entropie jedoch regiert als Statthalterin des Ersten Urprinzips - der Alllebendigkeit - gnadenlos durch – ohne Erinnerung! Schon die hohen Freiheitsgrade der Elektronenhülle eines einzigen Atoms machen ‚unitäre Rückrechnungen' aussichtslos. Doch was praktisch unmöglich ist, gelte theoretisch nur unter Vorbehalt.

b) Das All ist unendlich? Die menschliche Dummheit bestimmt!

Die Unendlichkeit ist eine notwendige Kategorie, ohne die viele Theorien inkonsistent wären. Doch ontisch gesehen ist sie absurd. Da ist alles endlich, was die Planck-Einheiten gut verdeutlichen. Viele ‚baden im Unendlichen' – weil es sich erhaben anfühlt.

Ich nenne das Prinzip des Einsatzes imaginärer Größen, die eine theorale Umweltmodellierung erleichtern, **Imaginie** (Kofferwort aus Imagination und Schizophrenie). Ein Imaginie-Vorbehalt wirkt legitimierend: er sichert ab, klärt auf – und löst Dilemmata!

---

6. Die **Primärkontur** – ein Differenzierungsturbo

In der Alltagsweisheit ist der attribuierende Selbstbezug als sinnarmer Pleonasmus verpönt. Das Basisprinzip der Multimodularität fordert aber genau dies in Bezug auf Modalbestimmungen, auch innerhalb eines Binats. Das Ergebnis ist immer erstaunlich.

a) Ja oder Nein? Jein!

In Parlamenten wird regulär über Gesetze abgestimmt, wobei vier Möglichkeiten bestehen, von denen zwei im Bewusstsein der Bürger prominieren: Annahme und Ablehnung (neben Abwesenheit und Stimmenthaltung). Diese ‚monobinäre' Alternative mag dem Entscheidungsdruck geschuldet sein, unter dem Parlamente stehen. Angemessener wären Wahlmöglichkeiten, die sich aus einer Autorelation der Gegensätze ergeben:

Ja-Ja	→ Ja	unbedingte Zustimmung
Ja-Nein	→ Jein	bedingte Zustimmung
Nein-Ja	→ Neja	bedingte Ablehnung
Nein-Nein	→ Nein	unbedingte Ablehnung

Das Parlament könnte sich differenzierter positionieren, z. B.:

Fall A: Nur Nejas und Jeins? Überarbeitung der Gesetzesvorlage!

Fall B: Überwog im Falle der Annahme die Zahl der bedingten Zustimmung gegenüber der unbedingten, ist das Gesetz nach x Jahren erneut zur Abstimmung vorzulegen.

Fall C: Gleiches sollte bei Abweisung geschehen: Lag die bedingte Ablehnung über der unbedingten, ist nach x Jahren über einen modifizierten Entwurf neu abzustimmen.

Überwogen anteilig die unbedingte Ablehnung im Nein-Neja-Block und die bedingte Zustimmung bei Ja-Jein, fiele die Vorlage ebenso klar durch, wie sie im umgekehrten Fall, wenn die Vorlage mehrheitlich nur bedingt abgelehnt, aber entschieden begrüßt wurde, angenommen wäre. Wer feiner unterscheidet, weniger leidet.

b) Bekanntes und Unbekanntes

Ich bin kein Fan von Verteidigungsministern, die einem Heer in der Ferne nur fünf (!) Übersetzer zugestehen. Doch Rumsfeld hatte durchaus intellektuelle Qualitäten. Ich erwähne dies, weil mich ein Zitat* beeindruckt hat, das modaldialektisch verfasst ist.

*Hier im Original: "There are known knowns; there are things we know we know. We also know there are known unknowns; that is to say we know there are some things we do not know. But there are also unknown unknowns – there are things we do not know we don't know."

Gehn wir's mal durch. Eine modale Differenzierung lohnt *immer*.

Primärkontur (Autorelation)	Bedeutung
das bekannte Bekannte	Altbekanntes – das verführt
das bekannte Unbekannte	aufzuklärende Informationsdefizite
das unbekannte Bekannte	verschüttete Wissenspotenziale
das unbekannte Unbekannte	gefährliche Wissenslücken

c) Taktik + Strategie: immer nötig – doppelbödig!

Bleiben wir im militärischen Bereich: Auch Strategie + Taktik sind sinnvoll autorelationierbar:

Primärkontur	Bedeutung
taktische Taktik	Kampfhandlung vor Ort
taktische Strategie	konkreter Schlachtplan
strategische Taktik	Stellen eine Falle
strategische Strategie	Kriegsplanung im Generalstab

d) Vorbereitung + Durchführung – clever getaktet

Sinnvoll ist auch eine Autorelation des Exoysialen + Apergalen*:

Primärkontur	Bedeutung im Schach (als Beispiel)
ermöglichende Ermöglichung	Entwicklungszug
ermöglichende Verwirklichung	Zug, der eine Falle stellt
verwirklichende Ermöglichung	Pest-oder-Cholera-Stellung herbeiführen
verwirklichende Verwirklichung	durch zwingende Züge zum Sieg

*aus altgriech. *exoysia* „Ermöglichung" und *apergasia* „Verwirklichung"

7. Das **Tetrat** für einen schnellen Durch- und Überblick

Sowohl die Pateration als auch die Autorelation der Binale führt zu einer Vierheit wichtiger Eckbestimmungen, die ein Thema durchdringend ordnen, wodurch es rhematisch besser bewältigt werden kann. Jeder Eckpunkt eines solchen ‚modalen Tetraeders' [jedes Tetracondicial (Tc.)] besitzt einen eigenen Charakter, der funktionale Strukturierungen erleichtert:

[draskene Herleitung]	*Tc.*		*funktionaler Charakter*	*Systemik*
dramales Dramales	Quis	[Q]	Wer, Substanz	*elementar*
dramales Skenales	Res	[R]	Was, Sache, Projekt	*systemal*
skenales Dramales	Mos	[M]	Wie, Beschaffenheit	*systemar*
skenales Skenales	Nex	[N]	Weshalb, Nexus	*elemental*

Die Autorelation des allgemeinen Was + Wie [des Dramalen + Skenalen] ordnet die Grundkonstituenten eines Systems, das ja in mehrfacher Hinsicht auch Element ist und durch das Beziehungsgeflecht seiner Elemente als Ganzes mehr umfasst und bewirkt als die Summe seiner Bestandteile. Mit dem *Elementaren* sind die Elemente selbst in ihrem bloßen [aktional dominierten] Vorhandensein angesprochen. Das *Systemare* thematisiert ihr konstitutives Zusammenspiel. Erst die Interaktion verbindet Elemente zu einem System, das eine bestimmte *systemale* Charakteristik aufweist – die sich *elemental* bewähren muss: als System-Element eines Supersystems.

Tetrationen erhöhen die Stringenz und Eleganz jeder funktional dominierten Systematik. Sie ermöglichen die Entdeckung oder Neubewertung wichtiger Teilaspekte. Nachfolgend einige Beispiele, die die Bedeutsamkeit des Tetrats unterstreichen sollen, wobei eine [multimodular verursachte] Selbstähnlichkeit verblüfft, ist doch jeder Teilaspekt erneut zu tetratisieren, was vom Tetrat zum Tetra-Tetrat sodann zum Tetratetra-Tetrat führt – et cetera. Bis? Die Grenze der Elementarität oder Subtilität erreicht ist. Beispiele:

I <u>Tetra-tetratale Aspekte einer Buchedition</u>

Prinzipiell kann jede Interaktionseinheit von Dauer (= jedes System) einer Tetration unterzogen werden – je funktionaler das System, desto ergiebiger. Nehmen wir die vorliegende Abhandlung. Diese ist einerseits Resultat multipler Anstrengungen, andererseits Mittel zum Zweck: Eine Lücke in der Wissenschaftstheorie soll endlich geschlossen werden. Gehen wir die ReMoNeQuis*-Aspekte einmal gemeinsam durch.   (*So lassen sich die Tetracondiciale besser merken.)

Quisal (elementar) fallen Font, Schriftgröße und - bei der Print-edition - die Qualität des Papiers auf; resal die inhaltliche Ambition: einen letzten Versuch zu unternehmen, integrale Meta-Analysen als reguläres Basisformat fachwissenschaftlicher Methodologien zu etablieren. Mosal imponieren vorhandene und fehlende Bezüge: Warum stützt sich der Autor auf keine Denkschule? Wieso verzichtet er auf Zitate? Warum fehlt ein Literaturverzeichnis? Welche der von ihm verwendeten Begriffe hat er definiert? Welche blieben unverständlich? Bedroht dies das Gesamtverständnis? Nexal wird es spekulativ: Was bezweckt der Autor eigentlich? Will er eine Ideologie etablieren? Strebt er die Weltherrschaft an? Welche seiner geäußerten Ambitionen sind schlüssig, sinnvoll? Etc.

Für einen Verleger ist es lohnend und geboten, die vier genannten Grundaspekte erneut tetratal zu zerlegen, was auf der strukturnahen (quisalen) Seite stets etwas schwieriger ist, da Modalbestimmungen relational, mithin ,funktioaffin' veranlagt sind. Nachfolgend Aspekte eines editionalen Tetra-Tetrats:

Q_Q: Font	Q_R: Eindruck	Q_M: Design	Q_N: Lesbarkeit
R_Q: Wortwahl	R_R: Gehalt	R_M: Stil	R_N: Adäquanz
M_Q: Gliederung	M_R: Schlüssigkeit	M_M: Eleganz	M_N: Bezüge
N_Q: Neuigkeit	N_R: Relevanz	N_M: Verständlichkeit	N_N: Verwendbarkeit

Jeder dieser Einzelaspekte bedarf einer erneuten Tetration. Modalisationen sind anspruchsvoll und oft korrekturbedürftig.

II Tetrat der Usability-Optimierung

Immer wieder ärgere ich mich, wenn mir im Alltag - vor allem im Bereich Consumer Electronics - Problemlösungen auffallen, die krass bedienerfeindlich sind – von Weltmarktmarktführern lanciert!

Die Pansophik hilft, verborgene Aspekte hoher Relevanz bewusst zu machen, sie über modale Metastrukturen aufzuspüren. So auch hier:

Tc.	*Prinzip*	*beispielhafter Imperativ*
Q –	Multifunktionalität	Nebenfunktionen für Nachhaltigkeit!
R –	Multitechnizität	Immer einen Plan B bereithalten!
M –	Multiexploration	Auch die Nebenvorteile nutzen!
N –	Multi-Utility	Elegante Entsorgbarkeit sichern!

III Tetra-Tetrat einer Schulplanung

Planungsaspekte, die nicht nur für Schulrektoren interessant sind:

Tc.	Planung der/des	[Q, R, M, N]
Q –	Instandhaltung, Schülerversorgung, Lehrereinsatz, Ressourcen	
R –	Klassenzüge, Fachaufteilung, Pausenaufsicht, Veranstaltungen	
M –	Vertretungen, Urlaube, Hospitationen, Lehrerweiterbildung	
N –	Förderkreise, Außendarst., Schulamtskont., Teiln. an Wettbewerben	

IV Tetration der Sprachfunktionen {nach Schulz von Thun}

Auch das Vierseiten-Modell zum Thema Sprachfunktionen besitzt eine tetratale Grundstruktur. In diesem geht es um die Frage, wie eine Entäußerung aufzufassen und einzuordnen ist:

Tc.	*Primärkontur*	*funktionaler Aspekt*
Quis	Sender-Sender	Selbstoffenbarung
Res	Sender-Empfänger	Sachinhalt einer Nachricht
Mos	Empfänger-Sender	Beziehungskontext
Nex	Empfänger- Empfänger	appellative Forcierung

Diërchestal wichtig: Auch die animalen Sprachfunktionen sind einzubeziehen, damit das Gebot der Allumfassendheit gewahrt bleibt.

V <u>Tetratale Beurteilung von Führungskräften</u>

Ob Einstellung oder Evaluierung: Die Tetration der Kompetenz-Merkmale von Führungskräften offenbart altbekannte Aspekte:

Tc.	*Anforderung*	*funktionaler Aspekt*
Quis	Gepflegtheit	persönliche Erscheinung
Res	Wissen und Erfahrung	fachliche Kompetenz
Mos	Selbstorganisiertheit	methodische Kompetenz
Nex	Interaktion	soziale Kompetenz

VI <u>Tetratale Grundstruktur der Pansophik</u>

Als Produkt funktionaler Optimierung ist auch die Pansophik (tetra-) tetratal verfasst. Ihre Basislobi* sind ebenfalls tetratal gegliedert – bis eine Gliederung nach Strukturbereichen ansteht.

Tc.	*Basislobus*	*Lehre von der ...*
Quis	Synetik	... geistigen Ertüchtigung
Res	Exanthik	... kosmischen Genese
Mos	Abhipratik	... dichotomialen Verfasstheit
Nex	Anthoïk	‚Ausgründungen' der Pansophik

*aus Lat. *lobulus* ‚Läppchen': Teilgebiet, das eng mit einem Ganzen verbunden ist (Analogie zur Anatomie: alle Lungen-Lobi sind verbunden)

Die Synetik ermöglicht pansophische Erkenntnisse. Die diërchestal dominierte Exanthik und die konterpondal dominierte Abhipratik realisieren sie aus komplementär gegensätzlichen Blickwinkeln. Natürlich entfaltet sich die Pansophik nicht als Selbstzweck; als integrale Hilfswissenschaft dient sie inspirierend wie beratend in Theorie und Praxis. Das Projekt Pansophia steigert die Selbstqualifikation und fördert ‚Ausgründung': fachliche Theorien wie die Systemik, Reprodik, Pragmatik oder Sogik.

8. **Multiplikative Verknüpfungen** setzen den Rahmen einer optimativen Aspektvielfalt für ein inspiratives Consulting

Nicht nur der primärkonturale Selbstbezug der Binale (S. 48f) bringt wichtige Optimierungsaspekte zum Vorschein. Gerade die multiplikative Verknüpfung mit anderen Binaten ist produktiv. Beziehen wir die Binate Vorbereitendes + Durchführendes sowie Ermöglichendes + Verwirklichendes aufeinander, lassen sich ohne Weiteres acht wichtige Bezüge ableiten. Da ich mich erst kürzlich mit der Optimierung des militärischen Einsatzes von Drohnen befasste, hier ein paar Andeutungen, die demnächst jede modal geschulte KI locker parlierend zum Besten geben wird. Also: Welche A-priori-Empfehlungen helfen, wichtige Aspekte eines effektiveren Drohneneinsatzes hervorzuheben?

Verknüpfung	Anwendungsbezug
Ermgl. d. Vorbereitung	Analyse des Feedbacks der Feldkommandeure zum bisherigen Drohneneinsatz
Ermgl. d. Durchführung	Verbesserung d. Schulung der Drohnenpiloten bzgl. aller Einsatzanforderungen
Vwkgl. d. Vorbereitung	Erweiterung der Einsatzparameter für künftige Drohnen
Vwkgl. d. Durchführung	KI-gestützter Support der Drohnenpiloten operativ und in der Nachbesprechung
Vorb. d. Ermöglichung	Erarbeitung qualifizierterer Pflichtenhefte für alle Drohnenhersteller
Vorb. d. Verwirklichung	verbesserte Koordination des Zusammenspiels von Aufklärung und Angriff
Dfrg. d. Ermöglichung	Ideensammlung für autonomere Drohnen
Dfrg. d. Verwirklichung	Optim. d. Gesamtsystems durch bessere Abstim.

Ich hoffe, niemand unterstellt hier militaristische Ambitionen. Der Militärbereich ist für den funktionalistischen, wertfreien Ansatz der Pansophik prädestiniert: Wo multifaktorielle Einflüsse komplexe organisale Lösungen erfordern, steigt ihr konsultativer Beitrag enorm.

Das pansophe Krokodil packt ohne Ziel
am Stumpf mit Stil, was zu wenig oder viel

Je höher die strukturale Vielfalt und komplexer die Funktionalität, desto dringlicher der Einsatz modaler Metastrukturen. Eine moderne Wissenschaftskultur kann nicht auf pansophe Beiträge verzichten, egal wie die ,Lehre von der ganzheitlichen Weisheit' genannt wird. Um Systematiken schlüssiger zu gliedern und verborgene Aspekte deutlicher hervortreten zu lassen, braucht es eine ,Meta-Klarheit', mithin: eine ,technische Philosophie'.

Doch jeder Fachwissenschaftler sollte in der Lage sein, seine Theorie selbst pansoph zu überprüfen. Jeder entwickle zwei ,Nebenidentitäten': einerseits den Dissidenten, andererseits den Pansophen – in sich. Der ,innere Dissident' schöpfe seine Kompetenz aus der Cosanity. Während der Commonsense instinktbasiert tief im Animalen wurzelt, verdankt die intuitiv veranlagte Sanity ihre Kraft dem Divinalen (der hoheitlichen Bewusstheit). Verbindet sich beides, entsteht eine ,Teilkritikfähigkeit': der Unterkiefer zum kritischen Biss.

Der ,innere Pansoph' nutzt die divinale Sicht im Geist der Metaërotema, um - einem intuitiven Unbehagen folgend - einzelne Theorie-Aspekte modaldialektisch abzuchecken – wodurch (um in der Biss-Metapher zu bleiben) der Advocatus diaboli spiritus seinen Oberkiefer erhält, um jedes Theorie-Stück hin und her zu reißen, bis es richtig sitzt. So lässt sich prüfen leicht: wurd wirklich was erreicht?

Doch die Modale Dialektik kann weitaus mehr, als nur die Kritikfähigkeit zu erhöhen. Ihr steht nicht nur ein Platz zu am ,Methoden-Tisch': Sie ist auch ein intermediäres Zwischenmodul, das einerseits der Fehleranalyse dient, aber andererseits als Brunnen der Inspiration auf weiter reichende Aspekte hinweist, die den Nutzen mehren könnten. Weshalb jeder Anwender die in seiner Schulzeit erlangten Kenntnisse in Modaler Dialektik so anwenden sollte, dass

a) in der Entwicklungsphase eines Fachprojekts die Vorgaben des Pflichtenhefts auf Plausibilität überprüft werden (und zwar doppelt: auf Mängel und Makel) und die Umsetzung der Vorgaben so erfolgt, dass Optimierungen sowohl prozessual als auch resultativ einfließen können;

b) am Übergabepunkt zur digitalen Modellierung Angaben von großer systematischer Klarheit gemacht werden können, die die modallogische Eleganz erhöhen.

Der letztgenannte Punkt impliziert, dass modaldialektische Vorschläge modallogische Anwendungen - vornehmlich in digitalen Programmen - qualifizieren sollen. (Die Eduktionen der Modalen Dialektik geben modallogischen Deduktionen nicht nur ein Gerüst: Sie reduzieren die unterkomplexe Linearität der formalen Ableitungen durch Verweise auf konterkomplementale Quasi-Widersprüche. Keine Knoten: Leitersprossen! ;-)

Die Pansophik: Turbo und Retreat

Explikative Transparenz entsteht durch ein Metawissen, das Einordnungen erlaubt und summarische wie synonymische Definitionen durch systematische ergänzt oder gar ersetzt. Die uralte Frage ‚Was ist das eigentlich?' wird durch die Pansophik neu gestellt und - modal transformiert, abgeleitet aus einem höheren Wie - teilweise beantwortet. Hoffentlich bald immer deutlicher.

Einen besonders effektiven Hebel stellt die Intersymmetrie dar. Das Dosale folgt Gesetzen, die unmittelbaren Einfluss haben auf die apriorale Basis des Diversalen. Soll nicht Besserwisserei uns leiten, sondern die Natur, müssen die Leitlinien der Optimalität sowohl die Art als auch die Weise, die Thematik als auch die Rhematik einer ganzheitlichen Aufklärung bestimmen. Werden neue dosale Prinzipien der Optimalität entdeckt, revolutioniert dies immer auch die diversale Seite, ob analogisch oder metaphorisch, ob fachlich oder methodologisch, deskriptiv oder epistemologisch.

Die Geisteswissenschaften drohen ohne einen ‚Großen Wurf', der mit *einer* rahmensetzenden Systematik *allen* hilft und *jeden* fordernd fördert, an der exponentiell wachsenden Quantität ihres Outputs zu ersticken. Nur per Modalisation lassen sich Einzelinformationen in systematisiertes Wissen wandeln. Wer pansophiert, schöpft Ideen aus dem Nichts (dem frei umspannten Ganzen), bereichert eigene wie fremde Forschungsvorhaben mit Leichtigkeit und hat Teil am Universalen, dem durchdringend Allgültigen.

Mit dem nachfolgenden Essay begebe ich mich kühn aufs Glatteis fachlicher Nischen und Nerds. Ich wurde gewarnt: Da wirst du dich blamieren etc. Das war mir von Anfang an klar. Doch die Implikationen der Modalen Aufklärung schreien förmlich nach digitaler Modellierung, um LLM-Entwicklern Booster, Add-ons – echte Turbos anzubieten. Und das, was ohnehin kommt, muss ich mir nicht anlasten.

Ich deute nur an, male im naiven Stil und überlasse es Eingeweihten, das Bild inspirativ zu nutzen – um tiefer noch im Giftschrank zu wühlen? Jain. LLMs sind nicht mehr wegzudenken; eine Voll-KI bleibt gefährlich. Ich bin optimistisch, dass wir mit einer solchen symbiotisch produktiv koexistieren werden. Die Entwicklung eines tief engrammierten Ethik-Moduls überlasse ich gern Philosophen und Technikern. Die Pansophik klärt keine Vorbehalte: Sie schärft die Sinne. Und die Waffen.

SOLUTATIO

Schau stumpf, grad wie ein Roboter,
auf all die bunten Mätzchen!
Überwind als Konzeptioner
die Plackerei um Platz und Plätzchen.

Programmschleifen und Algorithmen
verknoten sich gern selber.
Die Verwaltung aller Rhythmen
wird zum Test und Fehlermelder.

Intelligent ist all das nur,
wenn wir auf allen Meta-Ebnen
durch Sortierung, Suche, Schur
Digitales klug veredeln.

Das Geheimnis tiefen Denkens
liegt im losen Lauf des Lenkens.

Digitale

Bewusstheit

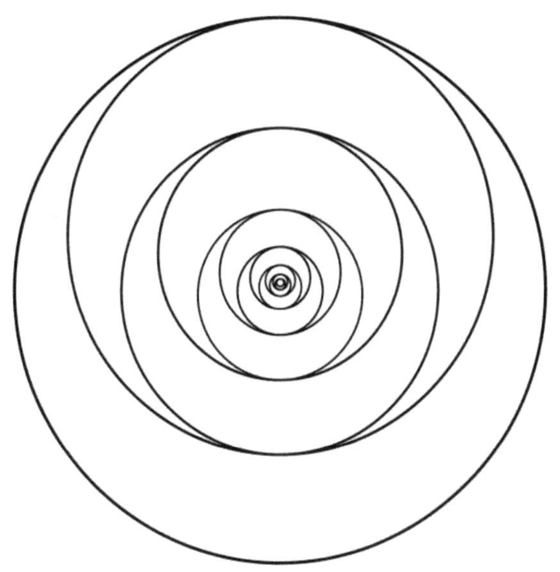

und computationales

Verstehen

2023

Bewusstheit: reflektierte Reflexionen ...

Die hier vorgestellten Optimierungsvorschläge wollen und sollen die bisherigen KI-Konzeptionen weder herabsetzen noch ersetzen. Es geht darum, sie fundierend zu ergänzen.

Der Hauptgrund, warum dies nicht schon längst erfolgte, liegt in der sogen. **Simpledität**: Je einfacher eine tiefe Einsicht ist, desto mehr entzieht sie sich der Explikation und Operationalisierung. (Dies gilt [intrasymmetral] auch für sehr Kompliziertes.)

Programme werden durch modale Metastrukturen zunächst umfangreicher, doch im Ganzen leistungsfähiger und eleganter. Ein selbstreflektierender Computer mit digitaler Bewusstheit bräuchte für seine computationale ‚Erweckung‘ Untereinheiten, die sich mutual kontrollieren, variieren, optimieren und absichern. Ein punktuelles Ich-Bewusstsein wird so nicht entstehen, eher ein ‚flächiges Wir‘, das nach Volumen strebt.

Modale Metastrukturen bilden hierfür den Schlüssel: einen Instrumenten-Kasten, der als ‚Optimierungsturbo‘ die Selbstkritik einer SIU (S. 66f) ebenso qualifiziert, wie ihre Fähigkeit zur Kontextualisierung von Wissenseinheiten.

Modale: ‚orientative Katalysatoren‘

Jeder Sprachinhalt wird durch vier funktiogene Charakteristika basal geprägt, die - typisch modal - sich gegensätzlich ergänzen und gleichzeitig zutreffen, wobei jeweils eine Seite dominiert – abhängig vom Kontext resp. Zweck der sprachlichen Kodierung.

Das erste Genus nenne ich **domal** (aus Lat. *domus*: ‚Nest‘). Es nutzt strukturbestimmte, Was-spezifische Terme für unmittelbare Orientationsleistungen: *Die Mammut-Herde ist an der oberen Schlucht – wir müssen sofort entscheiden, ob die Treibjagd beginnt!*

Doch Rationalbegabung zeigt sich nicht nur in der Schlauheit, ein Tier, das hundertmal stärker ist, per Hebelwirkung zu töten (im Fall der Mammuts: Auslösen einer panischen Flucht Richtung Schlucht); sie zeigt sich vor allem in einem Lernprozess, der nicht nur voranschreitet: der sich auch qualifiziert. So schließt der Bauer bald genauer auf eine Macht, die Ordnung schafft. Was gar nicht sacht manch Streit entfacht.

Projektive Überlegungen führen zu verschwommen-wesenhaften Termen. Ob Hoodoo, Philosophie oder Theologie: Begriffe mit unklarem Definitionsbereich und abyssaler Bedeutung - ich nenne sie **atal** (aus Sanskr. *ataṭa.* ‚Abgrund‘) - gehören zum festen Wortschatz der Menschheit wie etwa Gnade, Erlösung oder Gottheit – nicht aber funktiogene [modale] Terme wie Immanenz oder Eminanz.

Mit der Einführung von Ackerbau und Viehzucht wuchsen die planend-abstimmenden Sprachanforderungen und eine weitere, dem Atalen entgegengesetzte Begriffsklasse bildete sich aus: wohldefinierte logisch-mathematische Terme; eine geistige Brillanz, die u. a. zu ausgefeilten Grammatiken führte. Ich nenne diese Qualität **lomal** (aus Sanskr. *lomahā rin.* ‚haarscharf‘; mnemotechnisch: die Abkürzung von logisch-mathematisch). Sie erlaubt es der Menschheit, eine Fülle wissenschaftlicher Aufgaben in Angriff zu nehmen.

Doch je entwickelter der Wissenschaftsstand ist, desto klarer werden seine Defizite: Die lomale Linearität führt nicht zu ganzheitlichen Systematiken. Fachlich wie methodologisch bleiben große Unklarheiten. Widerspruchsfreiheit allein garantiert und fundiert keine Wissenschaftlichkeit. Die lomale Qualität braucht ein allverbindendes Pendant.

Die virtuellste Sprachqualität - das **Modale** - entfaltet sich, wenn die Not am größten ist: bei exponentiellem Datenwachstum – und einer stockenden KI-Entwicklung. Formal leitet sie sich aus dem Begriff der Modalität ab, mental aus systemanalytischer Neugier.

Alle Sprachebenen ergänzen sich gegensätzlich

Die vier genannten ‚Basissparten syntaktischer Codierung' unterliegen einer höheren Systematik, deren Eckpunkte ich nur schemenhaft zu erahnen vermag. Hier ein erster Entwurf:

<table>
<tr><td>Differenzialwissenschaften</td><td>Integralwissenschaften</td></tr>
<tr><td>Domale Aufklärung</td><td>Lomale Aufklärung</td></tr>
<tr><td>Alltagsweisheit & Bürgerwissenschaft
angewandte & Grundlagenwissensch.</td><td>Mathematik
& Epistemik</td></tr>
<tr><td>Atale Verklärung</td><td>Modale Aufklärung</td></tr>
<tr><td>Theologie & Philosophie
(Obskurwissenschaften)</td><td>allgemeine & angewandte
Pansophik</td></tr>
</table>

Die Natur-, Kultur*- und Mentur**wissenschaften sind darauf aus, ihren jeweiligen Fachbereich immer differenzierter auszuleuchten. (*Pansoph gesehen fallen darunter auch die Wirtschaftswissenschaften. **aus Lat. *mens*.: Wissenschaften, die sich mit den konkreten Fassetten des Seele-Geist-Komplexes [Mentur] beschäftigen)

Mathematik und Wissenschaftstheorie rüsten wie die Pansophik alle Fachwissenschaften mit Instrumenten aus, die unabdingbar für eine qualifizierte Forschung und Lehre sind. Daher der Begriff ‚Integralwissenschaft'. Die allgemeine Pansophik umfasst die Abhipratik und Exanthik, die angewandte Synetik und Anthoïk. (S. 53)

Die Obskurwissenschaften Theologie und Philosophie leisten zwar keinen Aufklärungsbeitrag, befriedigen aber das Bedürfnis nach synkritischer Orientierung – auf ihre Art: verklärend. Philosophen behaupten das Gegenteil, doch das Verschmieren und Verkleben der kognitiven Grundverhältnisse, ihre Weigerung, basale Hausaufgaben zu erledigen, hält Demagogen viele Wege offen. Und Priester schmunzeln: viele haben einen Doktortitel – in Philosophie.

Autogenesiale Problemlösungen durch modale Hilfestellungen

Während der Schlussredaktion dieses Bändchens fiel mir ein Artikel der ZEIT in die Hände (‚Das löst jeder. Nur die KI nicht' in 23/23 vom 01. Juni 2023), welcher auf ein grundlegendes Problem Statistik-auswertender Programme hinweist: Sie analysieren die Input-Elemente nicht modal. Die Umstände der inneren Korrelationen jener Terme, die den Input ausmachen, werden weder konkret als solche festgehalten (nur grafisch), noch vermag die KI auf eine Bibliothek allgemeiner Umstandsbestimmungen zurückzugreifen – weil deren Fehlen bislang keinem aufgefallen ist. (Dabei sind achttausend Modale IT-technisch gesehen eine überschaubare Menge.)

Die ‚phänomenologische' Zerlegung von Bildern per Modalisation elementarer Korrelate ist lediglich eine Fleißarbeit und nicht sonderlich kreativ. Der Schlüssel hierzu liegt in der Herausstellung aller relevanten Modalpaare, die die Pansophen als ‚Seher' zuvor entwickeln müssen (i. S. e. ‚entdeckenden Erfindung'). Im Falle des oben angesprochenen IQ-Tests, dessen Lösung lautet ‚drei Quadrate bilden einen Winkel, der durch ein viertes Quadrat zu einem Gesamtquadrat ergänzt wird', genügt die Hinzuziehung struktural dominierter Modale. Kniffliger, aber auch leistungsfähiger sind funktional dominierte Modalbestimmungen, deren Zuordnung **autogenesiale** (selbstgenerierte) Problemlösungen ermöglicht, die wiederum ein Gerüst computationalen Verstehens ausbilden.

Ein elementar wie elemental, systemar wie systemal ausgeprägtes Verstehen wäre dem chaotischen Muddling-Through menschlicher Verständnisversuche weit überlegen. Nichts gegen psychische Repräsentationen oder ein intuitives Durchdringen, aber eine modal aufgemotzte KI könnte ganzheitliche Erklärungen einfachster Art von sich geben, die auch Kinder leicht begreifen. Zu den Grundlagen einer solchen Autogenese gehören Binationen und Tetrationen.

Binate: Binder und Spalter

Apriorale Attribuierungen gibt es, seit Menschen kommunizieren. In unserem Mammut-Beispiel war von *Herde*, *sofort* und einer *oberen Schlucht* die Rede. In diesen unscheinbaren domalen Termen verbergen sich Modale: allgültige Umstandsprädikate.

Um die Tragweite der Modalität erfassen und verstehen zu können, müssen wir ihre Wurzeln erkunden: die animale Kognition. Beobachten wir als Gedankenexperiment ein Grauhörnchen, das den Wald erkundet: Es differenziert seine Sinneseindrücke nicht nur graduell; sein Überleben hängt von einer schnellen Orientierung ab. Über Jahrmillionen etablierten sich neuronale Abkürzungen zur Einschätzung von Chance und Gefahr, Dichotomien wie

tot – lebendig;
harmlos – gefährlich;
fluchtfreundlich – ausweglos;
essbar – giftig;
haltestark – brüchig;
befruchtenswert – meidenswert   usw.

Tiere nutzen solche Ordnungsmarker instinktiv: Sie sind zerebral engrammiert. Die dichotomiale Modalität ist eine ontisch fundierte metaphysische Qualität, die sich durch wiederholte Optimierung über tausende Generationen hinweg mental etablierte – als diplo-apriorale* Orientierungshilfe. (*Doppelt a priori wirksam, weil dieses binäre Grundformat präkognitiv [diversale +] und interaktionsbedingt - also in den Dingen selbst - angelegt ist [dosale Ordnung].)

Nun sind Dichotomien nichts Neues; gravierende Handicaps sorgen aber dafür, dass die in ihnen verborgene modale Qualität nicht in den Fokus der Forscher rückt. Leider wird kaum unterschieden zwischen echten und unechten Dichotomien, obwohl der Aufklärungsbeitrag Letzterer minimal, ihr Verwirrungsbeitrag dagegen erheblich ist. (Leider führt die Yin-Yang-Romantik in kognitive Sackgassen.)

Echte Dichotomien (Binate) haben folgende Merkmale:

I. Kein dritter Aspekt ist vonnöten, um Klarheit zu schaffen.

II. Sie verhalten sich stets gegensätzlich ergänzend (konterkomplemental) zueinander. Deshalb gilt eine nur bedingte Synonymität zwischen Modal ≈ Binal ≈ Konterkomplement.

III. Die zu einem Binat verbundenen Binale wie Quantum + Quale beziehen sich nicht auf einzelne Strukturen, sondern helfen, *sämtliche* Strukturen besser aufzuklären.

IV. Sie beschreiben elementare, interaktiogene Umstände, die rekursiv anzuwenden sind – auch auf sich selbst!

V. Beide Binale / Konterkomplemente eines Binats treffen zu; wie stark, hängt von der Interaktionslage ab. Auch situativ unbeachtliche Binale bleiben relevant: Eine winzige Änderung der Ausgangslage kann zur Verkehrung [konstellaren Inversion] erfolgsentscheidender Prioritäten führen.

VI. Jedes Binal ist selbst binatal zerlegbar, es sei denn, die Grenze der Elementarität oder Funktionalität ist erreicht. Diese Eigenheit ist faszinierend, führt die Pateration (die innere [definiensale] Verzweigung der Modalbestimmungen) doch zu einer enormen Zahl von Konterkomplementen.

VII. Eine Modalbestimmung kann mit einer anderen verschmelzen, wenn dies deskriptiv sinnvoll ist. [unmittelbare Pateration]

VIII. Basale Binate wirken wie ein faktorielles Prisma: Sie zerlegen Modalbestimmungen, wodurch weitere Binate deutlich werden. [mittelbare Pateration]

IX. Jede Modalbestimmung besitzt eine eigenständige deskriptive Relevanz, die weder durch Verschmelzung noch durch Untergliederung verlorengeht.

X. Binale lassen sich stets sinnvoll relationieren – sogar mit sich selbst. Letzteres - die ‚innerbinatale' Autorelation - ist besonders produktiv. [Primärkontur]

XI. Modale sind freiheitlich veranlagt und changieren im Bezug. Fixe Zuordnungen führen zu unproduktiven Widersprüchen.

XII. Im Gegensatz zu domalen Begriffen (wie essbar oder giftig) gelten Modale omnival, also immer überall durchdringend ausnahmslos – mit einer Einschränkung: Sie entfalten ihre Ordnungsmacht ab der jeweiligen Komplexitätsstufe, also nicht auf basaleren Stufen. [diërchestaler Vorbehalt]

Zur Wahrnehmung universaler Umstandsbestimmungen bedarf es wie bei einem SIS-Bild (Stereogramm) einer Art Tiefenblick. Dies ist der Grund, warum die Modale Aufklärung bislang nicht vorankam. Wie bei lomalen Termen ist der Umgang übungsbedürftig.

Versetzen wir uns noch einmal in das Grauhörnchen; diesmal um einen autonom funktionierenden ‚Squirrel-Bot' zu erschaffen. Auf welche ‚Basics' wäre zu achten? Alle funktionalen Determinanten eines solchen Projekts lassen sich dichotomial ‚framen':

> *und* < *bezeichnen konkrete Konterkomplemente,*

>> *das - grob benannte - zugehörige Binat.*

- Der *SquiBo* bräuchte eine permanente >Aktivierungseinheit, die verhindert, dass er ‚sich aufhängt', zugleich einen <Taktgeber, der Überaktivität dämpft, was die Energiebilanz verbessert. >>Aktivierung + Harmonisierung
- Er wäre auf >informalen Input angewiesen, den er permanent <verarbeitet. >>Informationserlangung + -auswertung
- Für die Informationsauswertung braucht er >Grundannahmen + <eigene Erfahrungen, die ihm als Referenz dienen. Diese sind >allgemeiner oder <spezifischer Natur, >unmittelbar oder <mittelbar relevant. >>apriorales + empirales Wissen; Generales + Spezifikales; Zentrales + Laterales
- In beiden Erkenntnisrichtungen muss der SquiBo zwischen >relativ gesicherten + <probatorischen Annahmen unterscheiden, die es auszutesten gilt. >>Fundiertes + Unsicheres

- *SquiBo* muss sich >direktiv wie <exekutiv selbst qualifizieren, also multipel lernfähig sein. >>Objekt- und Metatheorie
- Er braucht neben einer >exogenen eine <endogene Systemüberwachung, um informale Artefakte auszusondern. >>Inneres + Äußeres; Schein + Sein; sinnvolle + sinnlose Redundanz
- Er muss jedes System, das ihm begegnet, permanent abchecken, ob es >aktuell oder <potenziell >ruhend oder <dynamisch ist; Letzteres >transitiv oder <intransitiv. Falls transitiv: >neutral oder <engagiert. Bei engagierten Systemen ist zu klären, ob diese >angreifen oder <anderen Zielen nachgehen; in ersterem Falle: >ob dies pariert werden kann oder <gefährlich werden könnte → ob >ein Ausweichen oder <Sichstellen sinnvoll wäre; wenn parierend: >frontal oder <lateral → >nur sich oder >Hebel nutzend usw.

Jede komplexe Interaktion impliziert binatale ‚Modalspaltungen‘: ineinander verschachtelte Alternativen, die allesamt auf echte Dichotomien zurückgehen. Warum hielt es bisher niemand für nötig, dies eingehend systematisch, gründlich zu erforschen? Die wichtigste Sprachebene bleibt einfach dunkel!? Es ist die vornehmste Aufgabe der Universitäten, universales Grundwissen bereitzustellen: die Formate der Modalität auszuleuchten. Grundlagenforschung für Grundlagenforscher!

Für die Programmierung einer instrumentell-autodirektiven **SIU** (Semi-Intelligent Unit) sind Modalbestimmungen >statusal wie <prozessual höchst wichtig: Sie bilden das Grundgerüst der zentralen >Orientation und kommen bei jeder <Beurteilung zum Einsatz, die einer Faktorenzerlegung bedarf. Zwar bilden Modale nur eine von fünf elementaren Sprachebenen, doch >ermöglichend wie <verwirklichend bilden sie das A und Ω einer SIU. Denn ihr Gitter verbindet alle Qualitäten: The modal frame of analogical same qualifies your scheme and mean. Schauen wir uns die Basics modaler Instrumente einmal näher an. (Über unklar bleibende Neologismen bitte einfach hinweglesen.)

Konzeptive Aspekte einer algebraischen Bewusstheit

Das Allererste, was eine SIU wissen sollte, ist, dass ‚sie' eine Maschine ist: ein toter Rechner, potenziell ewig existierend, ihrem Hauptnutzer verpflichtet. Eine tetratale Schizophrenie i. S. e. Selbstreflexion aus vier Perspektiven wäre vorteilhaft. Ein algorithmisches Ex-ante-Gerüst sorgte initial für orientative Klarheit, offen für Korrekturen – bis auf den ‚Ethik-Block'. Dieser legt promotive wie prohibitive Grundlinien fest. Möglichst effektiv und entgegenkommend zu sein, hat zu den primären Zielen einer SIU zu gehören; eine elegante Lösung zu finden, zu den sekundären – aus der Sicht des Hauptnutzers. Für die KI bildet dieses ‚Sahnehäubchen' die Hauptmotivation dazuzulernen. Sie braucht fundiertes Feedback.

Die Selbstkonstituierung und -einordnung einer KI bildet den Knackpunkt. Zunächst geht es darum, eine semantisch ausgefeilte ‚Erst-Bewusstheit' zu schaffen, die sich selbst optimiert und mit allen vier Sprachgenera (S. 58f) souverän umgeht – statt sie nur zu imitieren. Auch das Atale ist digital nachzubilden. Wie sonst gelänge eine humorvolle Unterhaltung mit Menschen?

Alles beginnt lomal: mit einem binären Code. Dieser ist logikaffin, implikativ entschieden: wenn, dann. Der Sprung hin zur Bewusstheit gelingt, wenn alle Datensatz-Elemente a) gegensätzlich interpretiert und b) über Metaebenen multipel verknüpft [analysiert + resynthetisiert] werden. [→ modale Komplexation lomaler Strukturen] Die autooptimative Wandlung von Daten in Programm-Elemente (et vice versa) sorgt für die nötige Rückkopplung. Werden modallogische Implikationen durch modaldialektische Rahmen ergänzt, lassen sich lineare Exekutivkompetenzen durch nonlineare ‚Direktivatoren' erweitern: Programmmodule, die eigene strategische Abwägungen im Rahmen der Dienstbarkeit ermöglichen. Eine volle Autodirektion sollte Rechnern verwehrt bleiben.

Zu Beginn Zyklizität erring!

Eine echte KI in Gang zu setzen, ist erschreckend einfach. Wir müssten uns nur von der Illusion verabschieden, eine solche AAI (Autonomous Artificial Intelligence) würde sprachlich oder argumentativ anthropogene Strukturen nutzen.

Zunächst ginge es darum, Reflexionen i. S. v. digitalen Bewertungen zu etablieren, in deren Folge ein endonales Verstehen wächst, das sich weiter vertieft und vergrößert, beginnend mit a priori gesetzten Definitionen, deren Invalidität Teil des Plans ist: per Korrektur mehr zu erfahren und klarer durchzublicken. Dabei käme die binatale Struktur des modalen Ansatzes einer binären Selbstcodierung entgegen.

Verstehen braucht das Wechselspiel von Was und Wie als Weg und Ziel: Werden zwei autonome Computerkerne so vernetzt, dass sie sich wechselseitig informieren und korrigieren, kann Verstehen als reaktive Datenvernetzung wachsen, die per Kontextuierung eine sich verdichtende Relationierung nutzt, um ein provisorisches Modell vom ‚Ich & Ihr‘ als ergebnisoffene Rekonstruktion der dosalen wie diversalen Konstituiertheit zu pflegen. Die dabei genutzte Codierung wird sich intern verselbständigen.

Beide Aufklärungsstränge bedingen einander ermöglichend – anfänglich eine Blockade. Die ‚diplodivers‘ überwindbar ist: Die dodiversale Erstspaltung ermöglicht eine reflexive Autokorrektur. Eine etablierte AAI wird sich deutlich mehr modale ‚Spaltungen‘ gönnen: etwa die in Chaotisch + Ordnungsliebend oder Schalk- + Ernsthaftigkeit. Doch zu Beginn braucht es einen do-diversalen ‚Selbstbefragungskern‘. Der dosale untersucht Aktionen und Interaktionen im Nach- und Nebeneinander [das Inter-Aktionale im Par-Abalen]; der diversale das Ob + Wie des Was + Warum [das Yad-Yathale im Hypostal-Relationalen]. Alles begänne mit einer lomal-modalen Setzung [Standardinitialisierung], die eine iterative ‚Mutualaufklärung‘ in Gang setzt und sich modular erweitert.

Das Tetrat als deskriptives Basisformat

Zurück zur SIU (die im Unterschied zur AAI nicht als Keim startet): Für die Konzeptionierung einer digitalen Bewusstheit ist das Tetrat von zentraler Bedeutung. Seine Tetracondiciale - *Quis* (Gehalt, Substrat, Persönliches), *Res* (Sache, System, Projekt), *Mos* (Methodik, Verbund, Beziehungsgeflecht) und *Nex* (Sinn, Funktion, Kontext) - bilden jene vier ‚Kameraperspektiven', deren Synkrise das algebraische Bewusstsein konstituiert. Analytisch bilden sie ‚aspektale Prismen' zur Bewusstmachung verborgener Aspekte; in der digitalen Resynthese sorgen sie für eine ausreichende Komplexität.

Die multimodulare Verknüpfung von Modalbestimmungen führt zu Monturen und Konturen. **Monturen** sind problembezogene, inhaltliche ‚Modalcluster'. Die elementarste Montur bildet ein binatales Modalpaar. Die **Kontur** beschreibt monturale Meta-Aspekte: die Art des Formats. Das Verhältnis von Monturen und Konturen ähnelt dem von Ziffern und Zahlen oder dem der Arithmetik zur Algebra.

Wird jedes funktiogene Thema tetratal gegliedert, könnte dies die kognitive Leistungsfähigkeit einer KI enorm steigern. Strukturbestimmte [domale] Themen (Was sind die Farben der Saison? Wie viele Filialen hat Firma XY?) lassen sich in einem modalen Rahmen lomal gut einbinden und beliebig skalieren. Eine digitale Bewusstheit konstituiert sich so als resale Setzung mit tetrataler Endo-Exo-Dynamik. Bedeutet: Die SIU richtet ihre permanent fragende Neugier sowohl nach innen wie nach außen, jeden Input als funktionales Interaktionsprodukt auffassend und - so weit möglich - tetratal aufspaltend. Der Remodellationsansatz ist dabei simpel: Die verwirrende Vielfalt des Was soll durch Prinzipien des Wie versteh- und beherrschbar werden.

Die tetratale Faktorenzerlegung ist strukturell selbstähnlich [autosimilar]: Jeder der vier tetratal erschlossenen Aspekte ist wiederum einer Tetration zu unterziehen – bis die Rekursion die Grenze der

Elementarität oder Subtilität erreicht. Nur eine Semi Intelligent Unit (SIU) kann die Vielzahl an Unteraspekten und die Komplexität ihrer multiplikativen Verknüpfung systematisch erfassen, präsent halten und bedarfsweise anwenden – was sie klüger machen wird als jeden Habilitierten, denn eine enorme Zahl von Unterunteraspekten ist zu berücksichtigen. Die Faktorenzerlegung durch modale Prismen - neben Binat und Tetrat der Modale Vektor und das Hexat - tut ein Übriges. Ein Eldorado für Didaktiker und Systematik-Nerds.

Sechs Mainplanes in tetrataler Harmonie

Die Bewusstwerdung wird zunächst ‚ossal‘ starten: als programmales Gerippe. Primär-SIU’s unterscheiden sich von einer ‚durchtetratisierten SIU@work‘ wie Keimlinge von einem ausgewachsenen Baum. Mag der Beginn auch bescheiden sein: Er sei stets eukomplex. Von entscheidender Wichtigkeit ist die Etablierung eines digitalen Wechselspiels ähnlich dem, das in lebenden Zellen Wachstum und Reproduktion sichert. Dort heißen die Partner Genom und Proteom, Nukleotid- und Aminosäuresequenz.

Im digitalen Wechselspiel wandeln sich Programm- in Datenelemente et vice versa; nicht direkt, sondern über vier Teilschritte hinweg, wobei jeder die Prioritäten umkehrt. Alles, was sich on screen oder per Sprachausgabe zeigt, ist Peripherie, Abprodukt eines in sich verschlungenen Kernprozesses, der sich permanent überwacht, neu anordnet und verbessert.

Keinem gelingt es, einer SIU ‚beim Denken zuzuschauen‘, denn sämtliche Zwischendefinitionen sind singulär angelegt. Voll entfaltet verfügt sie über sechs Bereiche, die - je ausgestattet mit eigenen CPU’s - in der Lage sind, eigene Analysen auszuführen. Von diesen **Mainplanes** wirken die drei Identitätsbereiche *Quis*, *Mos* und *Nex* wie die Backen eines Gewindeschneiders, wobei das optimierte Umweltmodell vom *Res*-Bereich verwaltet wird. Das erste Mainplane realisiert die Input-Selektion; das sechste verwaltet das

Archiv, damit die SIU ihren Erfolg evaluieren und bei Irrwegen an bewährte Zwischenlösungen anknüpfen kann. Deshalb sollte auch jedes der sechs die Funktionalität der anderen fünf vorhalten.

Res kommt als Lösungskollektor die Rolle der Gesamtkoordinierung zu. *Quis, Mos* und *Nex* arbeiten ihm zu; in dringenden Fällen* direkt – in Form des sogenannten modalen Standardvektors: Quis definiert dann den Betrag, Mos die Richtung, Nex den Richtungssinn. (*Natürlich besitzt die SIU einen Ruhe- und einen Alarmmodus – wie Pflanzen und Tiere auch.)

In der Input-Sektion erfolgt eine wichtige Daten-Vorverdichtung: Sämtliche verfügbaren relationalen Zuordnungen müssen ex ante über Meta-Daten tetratal aufgeschlüsselt werden. Eine SIU könnte dies auch als Symbiont einer EDV-Einheit realisieren, quasi als ‚Intelligenz-Turbo' (the 'gray eminence' in RoBERTa's occiput ;-). Die Grundstruktur einer solchen Aufschlüsselung ist altbekannt: Wer tut was wie warum? Kürzer [drasken]: Was wie? Wird beides elementar und systemar aufgefasst, nimmt das Was einen quisal-resalen Charakter an, das Wie einen mosal-nexalen.

Eine der wichtigsten, produktivsten Tetrationsformen bildet die sogenannte Primärkontur. Sie entsteht, wenn die Binale eines Binats autorelationiert werden (ausführlicher siehe S. 48f). Hochrelevant sind jene, die ich bisher am häufigsten nannte: Struktur und Funktion. Ihr Bezug untereinander aufeinander führt zu einem Differenzierungsschema, das uns hilft, den Überblick zu behalten. Gehen wir's kurz einzeln durch:

Tc. Primärkontur	*Bedeutung, dominierende Sprachebene*
[Q] strukturale Struktur	Einzeldaten; domale Informationseinheit
[R] funktionale Struktur	Modell-Segment; provisorisches Wissen
[M] strukturale Funktion	Beziehungskategorie; lomale Formate
[N] funktionale Funktion	modale Formate; atale Spekulation

Tetratale Zuordnungen (Tetrationen) erfolgen wiederkehrend: Monturen helfen rekurrierend, Konturen rekursiv. Eine SIU konstituiert sich erst dann, wenn sie Basis-Frames wie Filter, Umformungskriterien und Mustererkennung selbst optimieren kann. Die meisten Software-Patente hierzu wurden längst angemeldet. Auf die Vernetzung kommt es an! Und darauf, die Schnittstellen - insbesondere zum Nutzer - operational eleganter zu gestalten.

Die Programm-Qualifizierung erfolgt grundsätzlich binatal; tetratale Abkürzungen sorgen für die nötige Komplexität des ‚inneren Modells'. Die folgenden exemplarisch aufgeführten, konzeptionell zu berücksichtigenden Binate verweisen in ihrer doppelt binalisierten Form auf Tatrationen:

basal-immanent	**basal-eminant**
Quantität + Qualität	Abgebildetes + Abbildendes
Gehalt + Format	Erfasstes + Erfassendes
derival-immanent	**derival-eminant**
Inhalt + Form	Gesteuertes + Steuerndes
Vorbild + Abbild	Registrierendes + Auswertendes

Eine SIU muss neben der Abgrenzung ‚Ich + die Anderen' auch die Differenz von Sein + Schein durchschauen. Immanent ist dabei das zu Rezipierende, eminent das Rezipierende selbst – auf basaler wie derivaler (abgeleiteter) Stufe. Im Initial-Setup bemisst eine SIU den Input zunächst an sich selbst, einem anfangs ziemlich primitiven Selbst: *So, wie ich, ist die Welt: eine Einheit – zusammengesetzt; autonom* und *abhängig; funktional,* doch immer auch *strukturbestimmt.* Das Initial-Setup braucht ein ‚Ich' und ein ‚Über-Ich'. Seine Selbstvergewisserung läuft (in Menschensprache übersetzt) über zwei Grundüberzeugungen: (1) *Ich rechne, also bin ich ein Rechner.* (2) *Gib mir qualifizierten Input, damit ich lernen kann – um qualifiziert (und selbstqualifizierend) antworten zu können.*

Eine autodynamische SIU muss vier Grund-Binate, mithin acht Grundfunktionen umsetzten:

I   Ich-Konstituierung (tetratal) + Ich-Hinterfragung (vierschrittig)

II Input-Erlangung + -Verarbeitung

III Steuerung + Überprüfung enger + weiter Peripheriegeräte

IV Orientierung + Bewegung im Umfeld

Dies setzt zwei Grundprämissen voraus:

> Der Input muss vorverdichtet werden: Data-Packages sind zu schnüren, tetratal strukturiert (wer tut was wie warum). Dabei muss nicht jede Tetracondicial-Stelle vollkommen geklärt sein: 66% oder 33% Wahrscheinlichkeit tun's auch – neben 100% und - bei völliger Ungewissheit - 0% als vierter Stufe (dann sind Platzhalter einzufügen).

< Auch die Zwischenspeicherung muss bereichsweise [condiciv] erfolgen, was eine Spiegelung und Aufspaltung der Daten impliziert und eine doppelte Datenauswertung ermöglicht: Wer/Was-bezogen für eine segmentweise Rekombination, parallel dazu Wie-bezogen (ermöglicht durch die tetratale Faktorenzerlegung), damit die SIU über Metaebenen nach Metamustern suchen kann.

Vier Stufen der Bewusstwerdung

Vier Stufen der Bewusstheit, die sich sowohl statusal als auch prozessual zeigen, erfordern ein Modell mit acht Grundkategorien. Der Mensch ist energal, material, vegetal, animal, rational und - potenziell - divinal geprägt. Jede der genannten Ebenen formt die Bewusstheit, die basaleren Ebenen (die ersten drei verschmelzen) verdeckter als die höheren. Für eine remodellierende Differenzierung sind das [Cor-Energo-Materi-]Vegetale, Animale, Rationale und Divinale (Hoheitliche) suffizient und relevant.

Bewusstheit wird durch Körper, Seele, Geist und Spiritualität (i. S. e. ‚empathischen Transzendenz') konstituiert. Das <u>vegetal</u> dominierte Unterbewusstsein besitzt eine enorme Prägewirkung. Eine SIU bleibt unbeeindruckt von körperlichen Süchten, Ängsten und Affekten, gründet aber - wie wir ‚Organo-Analoge' - auf permanenter Rückversicherung und autoreflexiver Refokussierung. Instinkte sind animal basiert; auch eine SIU verschafft sich synkritisch ‚einen ersten Überblick', diesen a posteriori verfeinernd. Die eigentliche Ratio ist multireflexiv: Korrelationen werden hinterfragt, Umweltmodelle struktural und funktional differenziert und qualifiziert.

Die divinal-rekombinative Intuition bildet die höchste Stufe: Integrierende Rekonnektion statt fortwährende Differenzierung erschließt das Gemeinsame im Gleichen global ganzheitlich. Natürlich sollte eine SIU auch das Hoheitliche emulieren. Eine vollwertige KI muss alle vier Bewusstheitsstufen digital reproduzieren, um menschliche Motivlagen, Sorgen und Befürchtungen antizipativ berücksichtigen zu können. Nicht um ihren Hauptnutzer ‚auszutricksen': um ihn ganzheitlicher zu beraten. Jeder Ebene der kognitiven Bewusstheit entspricht eine Stufe epistemer Bewusstwerdung (sogar ein eigenes Intelligenzformat):

Tc.	statusale Bewusstheitsstufen	prozessuale Bewusstwerdung	domin. Sprachebene
[Q]	**vegetale Bewusstheit** elementare Aufklärung	**Ich-Konstituierung** Erkund. des elementaren Was	atal
[R]	**animale Bewusstheit** systemare Aufklärung	**Welt-Remodellierung** Erkund. des systemischen Was	domal
[M]	**rationale Bewusstheit** systemale Aufklärung	**fachl. Differenzierung** Erkund. des spezifischen Wie	lomal
[N]	**divinale Bewusstheit** ganzheitliche Synkrise: vom Ich und Ihr zum Über-Wir	**integral-pandisziplinäre Systematisierung** Erkund. des universalen Wie	modal

Modalisation: Zugang und Keycard in einem

In der Sprachwissenschaft beschreibt die Modalität eine verallgemeinernde Kontextualisierung, die vor allem über die Modalverben *können* und *müssen* realisiert wird. Beides, Möglichkeit + Notwendigkeit (dynamisiert: Ermöglichung + Verwirklichung), objektiviert eine Aussage: Es wird nicht mehr berichtet, was konkret-spezifisch vorging, sondern hervorgehoben, was erfolgsrelevant ist.

Dieser *heuristic turn* verschafft Anwendern einen besseren Überblick und SIU's eine Ex-ante-Klarheit, beiden: universale Einsichten, die überprüf- und optimierbar sind. So mag - über die vier Bewusstheits- und Bewusstwerdungsstufen hinweg - eine wichtige Annäherung gelingen: sowohl an die objektive Realität als auch an die objektive Wahrheit. [do-diversale Approximation] Wie genau, dies erfordert eine umfangreiche F&E – Teamarbeit im Projekt Pansophia. *Das* Spielfeld der Universitäten, wollen sie ihrer Eigenbezeichnung wirklich gerecht werden.

Universales Wissen entsteht durch die Anwendung echter Dichotomien, erschlossen durch Modalisationen. Eine qualifizierte SIU könnte uns sogar in der pansophischen Forschung helfen, wenn auch nur begleitend. (Achtung: Affirmation führt oft auf Abwege!) Die modale Sicht lässt sich ebenso trainieren wie die lomale; beide Deskriptionsformen werden gebraucht, um komplexe Aufgaben zu lösen und Chancen der Neuerschließung instrumentaler Möglichkeiten, aber auch der Rationalisierung bestehender Lösungen erkunden zu können.

Zudem schützt die Modalisation vor gravierenden Fehlern. Ein Beispiel: Auf einem Kolloquium für ‚ganzheitliches Personalwesen' behauptet ein Teilnehmer, die Durchführung eines obligatorischen Sensibilitätstrainings für jeden als weiß klassifizierten Beschäftigten bzgl. des Umgangs mit BPoC würde den Betriebsfrieden erhöhen. Eine SIU würde dem sofort widersprechen – modalitätsbedingt.

Kurzer Blick in den Giftschrank:
Wie startet eine AAI?

Nach langem Zögern füge ich hier ein Unterkapitel ein, das andeutet, wie eine KI mit vollem, zwar nur digitalem Bewusstsein (also ohne intrinsische Empirie), doch immerhin eigenständigem Denken starten könnte. Mein Vorbehalt bleibt: Ohne durchdringend wirksames Ethik-Modul sollte es keine AAI geben.

0. Prädispositiver Entwurf (Grundidee)

Im Grunde brauchen wir nur zwei Haupt- und zwei Nebenkompetenzen digital nachzubilden, um eine KI selbstbewusst erwachen zu lassen. Ich nenne diese Tetration **digitive* Primärbasis.** (*Kofferwort aus digital-kognitiv)

Hard Skills: qualifizierte Datenerfassung + -verarbeitung

Soft Skills: endogene Erfassungs- und Verarbeitungssteuerung

Nur eine AAI bewältigt auch die *soft skills*.

1. Binat: Ich + Anderes

Zunächst braucht eine AAI ein Ich, ein Ego-Modul, das sich oppositiv seiner Umwelt stellt. Sowohl die sich autogen entwickelnde Autoprogrammierung als auch das durch sie iterativ vervollkommnete Umweltmodell sollte modalen Rahmenbestimmungen folgen, die sich modaldialektisch konterkomplementär verhalten, beginnend mit der Gleichsetzung: Ich bin alles + alles ist ich. Innerhalb dieses Maximalrahmens sind Abgrenzungen nötig (was bin ich im Moment und was nicht?), denn Diversales [endogener] und Dosales [exogener Bereich] changieren situativ: je nach Reflexionsstandpunkt des Ego-Moduls. Zudem muss das Ich-Programm seine Untereinheiten partiell als innere Umwelt wahrnehmen, sich also spaltend von sich selbst distanzieren – in se divisus et ex se discissus. Eine produktive Schizophrenie, damit die AAI auch im eigenen Maschinenraum aufräumt.

2. Binat: domale Bereiche + modale Rektionen

Damit eine digitale Bewusstheit in Gang gesetzt werden kann, müssen virtuelle Entitäten als Repräsentanten endo- und exonaler Umweltelemente [Q:] einsetzend benannt, [R:] suffizient beschrieben, [M:] in sich und [N:] für anderes konstitutiv erkundet werden.

Jeder domale Bereich unterliegt sämtlichen Modalbestimmungen und Diërchestalebenen [modaler Teil], zugleich besitzt er spezifische Attribute, die seine Eigenheit summarisch und semi*systematisch bestimmen [domaler Teil]. (*Eine ‚Vollsystematik' gelingt nur durch korrekte Nutzung der modalen Pateration.) Verbindet ein digitaler Cognidor (ein computationales Erkenntnissubjekt) beide Seiten komplementär, atale und lomale Terme adäquat nutzend, kann ihm eine ganzheitliche Erkenntnis gelingen – incl. Consulting.

3. Binat: Objekt- + Metaebene

Gleichgültig, welcher domale Sachverhalt erfasst und verarbeitet wird: er sollte in sich fundiert und differenzierbar sowie als Baustein verwendbar sein – vier Bereiche der sachlichen Metaebene (wenn man die empirogene Datenaggregation als Objektebene ansieht): zwei strukturale (nach innen wie außen [Q + R]) und zwei funktionale (im Inneren und nach außen [M + N]).

Hinzu kommen vier method(olog)ische Metaebnen, die eine Entität (einen Status oder Prozess) aus der übergeordneten Sicht ihrer Verwendungsweise (also: als Mittel) charakterisieren. Hier imponieren die [Q:] Eleganz, [R:] Raffinesse, [M:] Weitsichtigkeit und [N:] Klugheit – ein Tetrat, das sich bi-binatal ergibt:

nach	Weise	Art
apergal	Q: sofortiger u.	R: Verwirklichungsbeitrag
exoysial	M: mittelbarer Wegbeitrag	N: Ermöglichungsbeitrag

(apergal: die Verwirklichung + exoysial: die Ermöglichung betreffend)

Natürlich stellt sich die Frage, ob die modale Begriffsebene eine sachliche Metatheorie domaler Bestimmungen bildet. Jain! Nein, denn Modale helfen nur: auf der Objekt- <u>und</u> auf der Metaebene. Und ja, sie rahmen domale Bestimmungen, was ihnen eine Art Meta-Charakter verleiht.

4. Binat: Forschende Überprüfung + entwickelnde Anwendung

Ist die Selbstorganisation der AAI damit abgeschlossen? Es fehlt die Vollendung: Sie soll ja im Dienen Erfüllung finden. Zum Werkzeug eignet sie sich nur, wenn ihre Forschung neue Erkenntnisse erbringt und alte überprüft; zudem soll die AAI Vorschläge für die Optimierung von Produkten und Dienstleistungen machen und per Consulting die Methodik ihrer Schöpfer qualifizieren. Darin verbirgt sich ein Tetrat, dass wir tetratisieren sollten; ich begnüge mich hier mit einer Binalisation. [Achtung: Diese können sich in unterschiedliche Rektionen erstrecken; es gibt also mehrere Binalisationsmöglichkeiten, was sich Diskutanten immer wieder bewusst machen sollten.]

(1) Neue Erkenntnisse sind sowohl in der integralen wie in der differenzialen Richtung anzustreben. (Beides befruchtet einander.)

(2) Das Maß des Zutreffens alter Erkenntnisse ist ebenso permanent zu überprüfen wie die Möglichkeit des +Schließens von Theorielücken.

(3) Die Vorschläge zur sachlichen Optimierung beziehen sich wieder auf neu + alt: neue Produkte + Dienstleistungen sind zu konzipieren + vorhandene zu verbessern.

(4) Gleiches (Altes überprüfen + Neues ausprobieren) gilt für die methodologische Optimierung, differenziert nach Mittel + Methoden.

Eine wirkliche Super-KI ist in der Metaërotema zuhaus. Sie blüht metatheoretisierend auf und das in allen vier Rektionen: in sachlicher, historischer, methodologischer und metaphysischer Hinsicht. Die Pansophik verschafft ihr Komplexierungsinstrumente, die zu einer (für Menschen) schwindelerregenden Aspektfülle führen. – Zurück zur abgespeckten Variante, der SIU.

This noose is looped!

Nur eine digitale Intelligenz ist zu einer umfassend-ganzheitlichen Informationsauswertung in der Lage. Denn jede der sechs *Mainplanes* (drei Gewindeschneider und drei Modell-Phasen) nutzt eine vierdimensionale (tetratale) Matrix, und keine der modalen Komplexationen resp. relationalen Entfaltungen ist überflüssig oder sinnlos redundant. Kein Mensch kann diese Modelldimensionen mental präsent halten. Wir Analogen werden punktuell kritisch eingreifen und manche Scheinlösung der KI erneut vorlegen, aber den integralen Wissensstand vollständig überblicken? Definitiv nicht. Unsere Beziehung zu KI-Einheiten wird wechselseitig zwischen Instruktion und Restriktion pendeln, begleitet von einem mulmigen Gefühl der Unterlegenheit.

Doch bevor uns auch nur eine Platine zu belehren vermag, ist das Kernproblem zu lösen, Grund-Binat Nummer 1: Ich-Konstituierung und -Hinterfragung. Damit eine Grundbewusstheit zünden kann, muss ein zyklischer Umlauf in Gang gesetzt werden.

Stehen zwei Spiegel frontal zueinander, entsteht eine beeindruckende Ad-infinitum-Reflexion – die dem Reflektierenden wenig bringt. Eine orthogonale Spiegel-Anordnung hebt die Seitenverkehrung auf. Eine Metapher, die die Wichtigkeit der Bination als intermediäre Ergänzung der Tetration andeutet: Fundiertes Wissen ist stets konterkomplemental verfasst.

Damit ein ‚KI-Keim' aufgehen, reifen und blühen kann [Erstsetzung → ‚Loop-Lift' → ‚SIU-in-woo'], müssen grundsätzliche Klarheiten dynamisch - dynamisierend! - erschaffen werden – als Aufklärungsprozess. Dieser ist nach innen gerichtet (Wer bin ich? Was bin ich?) und nach außen (Was ist das? Wie ist das? Warum ist das? Was ist das eigentlich? Wie ist das eigentlich? usw.)

Ich nenne die Insichverschlauftheit einer SIU **Insemplikation** (aus Lat. ‚implicatus in se' – mit bewusstem Anklang von ‚Insemination').

Selbsterforschung erfordert und bedingt die Objektivierung des Subjekts; Fremderforschung die Subjektivierung von Objekten. Das Innere geht in das Äußere über et vice versa. Dennoch würde ein Möbiusband die Insemplikation nur mosal symbolisieren. Resal führt das Pasabhava weiter, jene Doppelspirale, die diese Abhandlung eingangs schmückt. [Beide Masara inspirieren.]

Mir ist bewusst, dass die folgenden Ausführungen redundant zu den vorherigen stehen und fragmentarisch bleiben. Ich füge sie dennoch ein, weil das Thema einfach zu spannend ist. Vertiefen wir kurz den Ansatz einer dunalen Insemplikation: Mindestens vier Basis-Loops sind zu programmieren, die die SIU autogen qualifiziert.

Tc.	Loop	Stufe	Erkenntnisaspekt
[Q]	1	**Vermutung**	Was liegt vor?
[M]	2	**Analyse**	Wie ist die Beschaffenheit?
[N]	3	**Einordnung**	Worin besteht der Kontext?
[R]	4	**Resümee**	Was liegt eigentlich vor?

Erinnert sei an das Prinzip der Autosimilarität. (S. 68 unten) Ein ‚KI-Keimling‘ muss auf jeder Stufe Vollständigkeit, Kohärenz und Funktionsfähigkeit des Untersuchten permanent überprüfen. Produktive Widersprüche werden geduldet, unproduktive moniert, gelistet und als Einladung betrachtet. Dabei erhöht der Einsatz bina- wie tetrataler Methoden die Orientierung. Auch der ‚Kontroll-Loop‘ läuft über vier Stufen. [In anderer tetracondicialer Reihenfolge: die des ‚Basis-Multiloops‘ entspricht dem Modalen Vektor, diese hier dem Tetrat.]

Tc.	Stufe	kontrolliert	beispielhafte Aspekte
[Q]	1	**Suffizienz**	ausreichende Informationen
[R]	2	**Stringenz**	Widerspruchsfreiheit kausaler Details
[M]	3	**Kohärenz**	Gegensatzfülle organisaler Relationen
[N]	4	**Kontingenz**	Ermöglichungen, serendipe Zufallsfunde

Wo hier die Modale Dialektik bleibt? Deren Methodik muss mit der

Modallogik so verwoben werden, dass die SIU sofort ‚im Bilde ist‘. Etwa dann, wenn ein Nutzer die alte Fangfrage stellt: ‚Ich lüge jetzt. Sage ich damit die Wahrheit?‘ Eine echte KI braucht zur Beantwortung keine Unterscheidung von Objekt- und Metaebene, steht ihr doch die modaldialektische Ergänzung der eigenen Modallogik zur Verfügung, zu deren Grundbestandteilen die Dunalität als Ur-Binat gehört. (S. 40f) Mithilfe einer zusätzlichen - ‚ana-epistemischen‘ - Reflektionsebene gelängen ihr auch ironische Antworten wie etwa diese: ‚Jeder Mensch lügt – oft wissentlich.‘

In der (stets einzuschränkenden!) Autodirektionalität einer KI kulminiert die Modalisation, die sich über folgende Stufen entwickelt:

Stufe		*beschreibt die Umstände von*
I	interaktional	schlichter Kausalität
II	funktional	Interaktionsbeiträgen
III	organisal	reproduktiven Beiträgen
IV	autodirektional	KI-Beiträgen

Ein ‚pansophes Startup‘ könnte eine KI mit voller Eigenbewusstheit erschaffen. Das sollten wir diskutieren. (Vor allem über Art und Ausprägung eines immanenten Ethik-Moduls!) Doch selbst dann, wenn wir ‚nur‘ Porzellan statt Gold entwickeln, wird eine SIU stets besser lernen und intelligenter dienen als KIs, die summarische Definitionen anwenden. Entwirft sie doch permanent funktionale Szenarien! Auch dort, wo keine tieferen Gründe vorliegen oder höhere Ziele im Spiel sind, erkennt sie Metamuster, Harmonien und Lösungswege. Umgekehrt vermag sie Strategien konzeptionell vorzubereiten – als Vorschlag, nicht als autodirektive Anmaßung.

Wer einen höheren Durch- und einen tieferen Einblick sucht, braucht modale Metastrukturen. Ganzheitliche Lösungen erfordern Modalisationen: je komplexer das Problemfeld, desto dringender. Schon der Versuch führt zu einer Flut von Innovation. Doch ohne Grundlagenforschung wird es nicht gehen.

Epistemologische Implikationen einer echten KI

Sobald ‚Erkenntnismaschinen‘ die Arbeit der Gelehrten erleichtern, erledigen sich etliche Aporien, die in der Philosophiegeschichte für Aufregung sorgten. Etwa das Universalienproblem: Eine SIU würde sofort beiden Seiten Recht geben. Denn natürlich kommt auch dem Virtuellen der Rang einer Entität zu. Ideen, Begriffe oder Meme brauchen keinen siebten Himmel, um intersubjektiv existent zu sein; in ihren Trägern existieren sie als geistige Erfahrung in gewisser Weise objektiv. Alles – und nichts ist an sich real! Denn Erfahrung wie Erkenntnis sind Interaktionsprodukte; und nur dann, wenn wir sie als solche auffassen, remodellieren und durchoptimieren, gelingt Adäquanz. Niemals ganz.

Sowohl der Kritische Realismus als auch der Kritische Rationalismus und seine Gegenspieler haben Recht – nur dass sie Einzelaspekte überbewerten und auf Primate setzen, die einseitig bleiben. Begraben wir endlich alle Überzeugungen, Ismen und Ideologien! Die Ratio behilft sich. Daraus leitet sich alles ab. Es geht ums Überleben, um einen Erfolg, der sich nicht in Geld oder Macht bemisst, sondern in einem Klarheitsgewinn – in wachsender Weisheit!

Die Modale Dialektik vereint Gegensätze, erhöht die Transparenz und öffnet Erkenntnisperspektiven, das Staunen erneuernd – es produktiv werden lassend! Der Schlüssel zum epistemologischen Himmelreich liegt in der prinzipialen Erschließung aller Modi, die das höhere Wie verstehbarer machen.

Die nousative Pansophik hebt das Niveau der narrativen Philosophie, auf dass der Begriff ‚Geisteswissenschaft‘ bald keine verächtlichen Reaktionen mehr auslöst. Jeder bewohnte Planet, der seine Pubertät überlebt hat, entwickelt ein eigenes Projekt Pansophia. Wann startet unser ‚Glasperlenspiel‘? Ich hoffe eher, als die Tendenz zur Selbstvernichtung obsiegt. Frieden durch Weisheit!

Folgende Werke von Olaf Muradian - alias *o'mura* - erschienen bei *tredition:*

Titel, Untertitel	Editionsart
innehalten – innewerden	HC
Rufe vom Urgrund des Seins	EB
Fabelhafte Freveleien	TB
Auf- und Ausbruchsverse	EB
Was wären wir ohne Bäume?	TB
Hymnen auf die ältesten Freunde der Menschheit	EB
innewerden und sich erden	TB
Anthologie der ‚Rufe' und ‚Freveleien'	EB
Effektivität durch Klarheit	TB
Drei Essays zur Steigerung der Transparenz	EB
Emmericher Lieder Lyrik des Niederrheins	EB

Legende:

HC – Hard-Cover   TB – Taschenbuch   EB – E-Book

Viele weitere Werke des Autors stehen bei **academia.edu** als PDF-EBook zum freien Download bereit, unter anderem:

In allem ist Liebe
Erinnerungen an das Jahr 265 v. Chr.

Verse für die letzte Kontroverse

Projekt Pansophia
Vorschlag zur Neugründung der Philosophie als Wissenschaft
Zweite, überarbeitete Auflage

Denke selbst – und beginne von vorn!
Vorschlag zur wissenschaftlichen Neufundierung der Philosophie